FORTGESCHRITTENER FINGERSTYLE
FÜRAKUSTIKGITARRE

Meistere moderne Techniken auf der Akustikgitarre mit Daryl Kellie

DARYL**KELLIE**

FUNDAMENTAL**CHANGES**

Fortgeschrittener Fingerstyle für Akustikgitarre

Meistere moderne Techniken auf der Akustikgitarre mit Daryl Kellie.

Veröffentlicht von **www.fundamental-changes.com**

Copyright © 2018 Daryl Kellie

Herausgegeben von Tim Pettingale

ISBN: 978-1-78933-117-2

Das moralische Recht dieses Autors wurde geltend gemacht.

www.fundamental-changes.com

Twitter: **@guitar_joseph**

Über 10.000 Fans auf Facebook: **FundamentalChangesInGuitar**

Instagram: **FundamentalChanges**

Für über 350 kostenlose Gitarrenlektionen mit Videos besuche

www.fundamental-changes.com

Titelbild Copyright Shutterstock Monkey Business Images

Mit besonderem Dank an Klaus Peter Henn für die wertvolle redaktionelle Mitarbeit.

Inhaltsverzeichnis

Einleitung

Durch die vermehrte Verbreitung auf Online-Plattformen wie YouTube und Instagram haben viele Gitarristen, die „Nischenstile" spielen – oder Vertreter eher esoterischer Techniken sind – die Aufmerksamkeit erlangt, die bisher eher Mainstream-Gitarristen vorbehalten war. Eine Nische, die aufgrund der Online-Präsenz ein erhebliches Wachstum erfahren hat, ist der moderne Fingerstyle für Akustikgitarre. Durch seine sehr visuelle, extravagante Art ist es ebenso faszinierend zu sehen und zu hören, aber auch unterhaltsam.

„Moderner Akustik-Fingerstyle" ist ein facettenreicher Ansatz für das Gitarre spielen, und in diesem Buch verwende ich den Ausdruck als Oberbegriff für das, was angeblich ein großer Teil der modernen Gitarrenlandschaft ist. Es umfasst alles von „Travis-Picking" und „Harp Harmonics" von Gitarristen wie Tommy Emmanuel bis hin zu den individuellen Tunings und dem perkussiven Spiel von Michael Hedges. Dieses Buch soll Gitarristen mit mittlerem bis fortgeschrittenem Niveau die wichtigsten Techniken und Konzepte, die in diesem Genre weit verbreitet sind, näher bringen und ihnen komplette Darbietungsstücke geben, um ihr Repertoire zu erweitern. Wenn du diesem Stil zum ersten Mal begegnest, findest du viele Einblicke in das Spielen der verschiedenen Techniken.

Ich erinnere mich an das erste Mal, als ich Jon Gomm und Andy Mckee hörte. Ich war völlig erstaunt, sowohl von ihrer technischen Fähigkeit als auch von ihrer Tiefe an Emotion und Ausdruck. Ich war ein ziemlich geschickter Fingerstyle-Gitarrist, nachdem ich in meiner Jugend klassische Gitarre gelernt und mich in das Arrangieren von Jazz-Standards vertieft hatte. Aber das Spiel dieser Jungs war, na ja … von einem anderen Planeten!

Es gab damals kein verbindliches Buch über diese Techniken, aus dem ich lernen konnte, also nahm ich alles auf, was ich konnte, indem ich systematisch das Videomaterial auf Pause setzte und meine Lieblingsgitarristen mit technischen Fragen über die Spielweise belästigte. Über ein Jahrzehnt später hoffe ich, dass dieses Buch dir helfen wird, dich mit diesem Stil auseinanderzusetzen und deinen Lernprozess effizienter und zugänglicher zu gestalten.

Dieses Buch wurde auf der Basis mehrerer technischer Studien geschrieben, die sich jeweils auf eine bestimmte Technik beziehen und die im Laufe des Buches an Komplexität zunehmen. Jedes Kapitel enthält viele kleinere Beispiele, die entweder direkt aus diesen Stücken in Form von „Performance Notes" entnommen wurden oder es handelt sich lediglich um Übungen, die dir helfen, die notwendige technische Ausrüstung zum Spielen des Lernstücks zu entwickeln. Am Ende jedes Kapitels findest du die Notation für das gesamte Stück und zu jedem Kapitel gibt es ein Performance-Video.

Ich hoffe, du hast Spaß am Erlernen dieser Techniken und Konzepte und findest sie so bereichernd wie ich.

Viel Erfolg!

Daryl

Dezember 2018

Hol dir das Audio

Die Audiodateien zu diesem Buch stehen unter **www.fundamental-changes.com** zum kostenlosen Download zur Verfügung. Der Link befindet sich oben rechts in der Ecke. Wähle einfach diesen Buchtitel aus dem Dropdown-Menü aus und folge den Anweisungen, um das Audio zu erhalten.

Wir empfehlen dir, die Dateien direkt auf deinen Computer herunterzuladen, nicht auf dein Tablet, und sie dort zu extrahieren, bevor du sie zu deiner Medienbibliothek hinzufügst. Du kannst sie dann auf dein Tablet, deinen iPod legen oder auf CD brennen. Auf der Download-Seite gibt es ein Hilfe-PDF und wir bieten auch technischen Support über das Kontaktformular.

Für über 350 kostenlose Gitarrenlektionen mit Videos besuche:

www.fundamental-changes.com

Twitter: **@guitar_joseph**

Über 10.000 Fans auf Facebook: **FundamentalChangesInGuitar**

Instagram: **FundamentalChanges**

Hol dir das Video

*Es gibt **15 Videos** zu diesem Buch!*

Jedes Lernstück wird vollständig gespielt, so dass du genau sehen kannst, wie es gespielt werden soll. Darüber hinaus haben viele der Beispiele, die spezielle Techniken demonstrieren, begleitende Videos, die dir helfen, sie schnell und einfach zu schaffen.

Alle Videos findest du auf der Website von Fundamental Changes unter diesem Link:

http://geni.us/acousticvids

Kapitel 1 – Trainieren der rechten Hand

Eine der größten Hürden für Gitarristen mit E-Gitarren-Background, die sich dem Akustik-Fingerstyle widmen, ist tendenziell das Training ihrer Technik der rechten Hand. E-Gitarristen fühlen sich oft wohler mit einem Plektrum, so dass Fingerpicking ihr unmittelbarstes Hindernis ist. Es gibt natürlich ganze Bücher, die dieser Technik gewidmet sind, so dass der Schwerpunkt dieses Kapitels darin besteht, den Gitarristen, die zu diesem Stil übergehen, das *Wesentliche* zu vermitteln und die Unabhängigkeit von Daumen und Finger zu entwickeln, die du benötigst, um Fortschritte zu erzielen.

Um mit dem Fingerpicking zu beginnen, ist die Position von Arm und Hand ein wichtiger Faktor.

Lege deinen Unterarm knapp unter dem Ellenbogen auf den unteren Rand des Gitarrenkorpus.

Halte dein Handgelenk leicht gebogen, damit du die Saiten mit den Fingern berühren kannst.

Vermeide es, deine Hand oder Finger auf dem Gitarrenkorpus zu verankern. (Es gibt Situationen und Techniken, die dies erfordern würden, aber für dieses Kapitel sollten der einzige Kontaktpunkt deiner Hand die Saiten sein).

Hier sind ein paar einfache Übungen, die helfen, die Koordination und Unabhängigkeit in den Fingern der zupfenden Hand zu entwickeln.

In Beispiel 1a wird jeder Saite ein anderer zupfender Finger zugeordnet.

- Der Daumen (**p**) zupft die sechste Saite

- Der Zeigefinger (**i**) zupft die dritte Saite

- Der Mittelfinger (**m**) zupft die zweite Saite

- und der Ringfinger (**a**) zupft die erste Saite

Spiele diese Beispiele zunächst mit etwa 60 Schlägen pro Minute (bpm). Es ist immer besser, langsam zu beginnen und präzise zu spielen, bevor du das Tempo erhöhst. Sobald du mit der Übung vertraut bist, erhöhe das Tempo schrittweise in Schritten von nicht mehr als 5 bpm nach jeweils 10 Wiederholungen der Übung.

Beispiel 1a ist ein einfaches Picking-Muster auf einem E-Moll-Akkord. Halte den Akkord durchgehend (und mache dasselbe für die Beispiele 1b bis 1e).

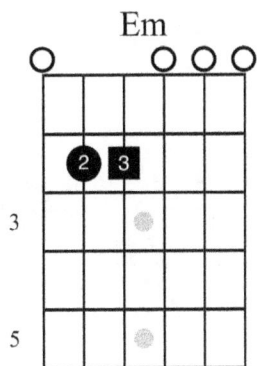

Beispiel 1a

Beispiel 1b erweitert die vorherige Übung, indem es eine wechselnde Bassnote hinzufügt. Verwende nur deinen Daumen, um diese Bassnoten zu spielen, und achte darauf, dass die Saiten 3, 2 und 1 mit den Fingern **i**, **m** bzw. **a** ausgewählt werden. Das richtige Picking-Muster ist in der Notation enthalten.

Beispiel 1b

In Beispiel 1c musst du schnell zwischen Daumen und Fingern wechseln. Achte darauf, dass du nicht zulässt, dass der gleiche Finger Noten auf benachbarten Saiten spielt. Wie bei Beispiel 1b sollte der einzige Finger, der seine Position ändert, dein Daumen (**p**) sein.

Beispiel 1c

In Beispiel 1d verwende den Zeige- (**i**) und den Ringfinger (**a**), um zwischen den Saiten zu wechseln. Sie sollten gepaart sein und sich parallel zueinander bewegen, während eine Lücke von einer Saite erhalten bleibt. In der Zwischenzeit wechselt der Daumen zwischen den tiefen Saiten, um eine Basslinie in den Lücken zu bilden.

Achte darauf, dass die gleiche Note nacheinander gespielt wird (E auf der vierten Saite, zweiter Bund), aber mit zwei verschiedenen Fingern (**i** dann **p**).

Beispiel 1d

Die *Tremolo-Technik* wird häufig von klassischen Gitarristen verwendet und ist ein wertvolles Stilmittel im Arsenal des modernen Fingerstyle-Gitarristen. Tremolo baut eine unverwechselbare Textur aus einem scheinbar endlosen Fluss von Noten auf nur einer Saite auf, während die anderen Saiten für Basslinien, Melodien und Akkordarbeit frei bleiben. In Übung 1e werden der Ring- (**a**), der Mittel- (**m**) und der Zeigefinger (**i**) auf derselben Saite verwendet. Das ist es, was die schnelle Wiederholung derselben Note ermöglicht.

Man braucht schon einige Versuche, um dies zu meistern, insbesondere bei der Geschwindigkeit. Möglicherweise ist es notwendig, die Position der Hand leicht zu ändern, um jedem Finger den gleichen Zugang zur Saite zu ermöglichen. Eine leichte Neigung im Uhrzeigersinn sollte den Zweck erfüllen. Sobald du einen gleichmäßigen Klang aus den Noten der zweiten Saite hast, füge die variierte Bassline mit dem Daumen hinzu.

Beispiel 1e

Daumen- und Fingerunabhängigkeit

Wenn du dich mit den vorherigen Beispielen vertraut gemacht hast, sollte deine rechte Hand so gut koordiniert sein, dass du eine eigenständige Basslinie versuchen kannst, die mit dem Daumen gespielt wird, kombiniert mit einigen Blues-Licks, die auf den höheren Saiten mit den Fingern gespielt werden. Die folgenden Beispiele zeigen die Techniken, die du benötigst, um das Fingerstyle-Stück *Riverside Blues* am Ende dieses Kapitels zu spielen.

Beispiel 1f führt eine *Gegenbewegung* ein. Dies ist ein Mittel, bei dem eine Linie nach oben und eine andere nach unten führt. In diesem Fall steigt die Basslinie, während die Melodie absteigt. Ich schlage vor, dass du zuerst den Melodieteil lernst und dann die Basslinie hinzufügst, wenn du sicher bist.

Verwende deine Finger, um die Noten der ersten und zweiten Saite zu zupfen, und deinen Daumen, um die aufsteigende Basslinie der tiefen Saiten zu spielen. Behandle jeden Taktschlag als eine andere Akkordform. Bei Taktschlag 1 verwende deinen Ringfinger auf dem 5. Bund und einen logischen Fingersatz für die folgenden absteigenden Noten.

In Takt Zwei verwende den Nagel deines Zeigefingers für den mehrsaitigen Anschlag.

Zum Schluss ziehe alle deine linken Finger weg bis auf den Mittelfinger an der fünften Saite und verwende den Zeigefinger für den Hammer-On. Höre dir das Audiobeispiel an, damit du hörst, wie es klingen soll.

Beispiel 1f

Sobald du dieses Intro gemeistert hast, studiere die Basslinie in Beispiel 1g (gespielt mit dem rechten Daumen), bevor du die Blues-Licks in Beispiel 1h lernst. Du wirst die Licks und die Basslinie in Beispiel 1i kombinieren.

Beispiel 1g

Beispiel 1h

Lass uns nun beide Teile kombinieren, sie gleichzeitig zu spielen, kann zunächst eine Herausforderung sein. Wenn du siehst, wo die Bass- und Melodiestimmen in der Notation zueinander in Beziehung stehen, kannst du die Stimmen besser koordinieren. Spiele zunächst sehr langsam.

Noten, die mit dem Daumen gezupft werden, zeigen mit dem Hals nach unten, und solche, die mit den Fingern gezupft werden, mit dem Hals nach oben.

Die Betonungen entstehen hauptsächlich in den Lücken zwischen den Bassnoten. Dies ist ein häufiger „Trick" bei dieser Art von Blues, da er die Illusion einer volleren harmonischen Textur erzeugt. Du musst gelegentlich in die richtige Position springen, um sie zu spielen.

Es gibt ein Video, das das folgende Beispiel demonstriert, um dir zu helfen, unter

http://geni.us/acousticvids

Beispiel 1i

Beispiel 1j fährt auf die gleiche Weise fort und fügt dann einen Fill in Takt Zwei hinzu. Verwende den Zeige- und Mittelfinger, um Hammer-On und Pull-Off zu spielen.

Achte auf der gelegentlichen Zeigefinger-Barré (Takt Drei, Taktschlag 2 und Takt Vier, Taktschlag 2 und 4).

Beispiel 1j

Verwende in Beispiel 1k einen logischen Fingersatz, um gelegentliche Akkorde über den sich bewegenden Bassnoten zu halten. Achte auf den Akkordanschlag in Taktschlag 1 des letzten Taktes. Auf Taktschlag 3 mache mit dem Zeigefinger einen Barré, achte aber drauf, dass die offene hohe E-Saite nicht behindert wird. Hör dir das Audiobeispiel genau an, bevor du es spielst.

Beispiel 1k

Da Coda

Im folgenden Beispiel verwende deinen Mittel- und kleinen Finger für den gleitenden Blues-Lick. Dadurch kannst du den Zeige- und Ringfinger für die Bassnoten verwenden.

Im letzten Takt verwende auf Taktschlag 1 die linke Hand, den Zeigefinger für die fünfte Saite, den Mittelfinger für die vierte Saite, auf dem 6. Bund, und den kleinen Finger, um eine Barrégriff auf dem 7. Bund zu machen.

Beispiel 1l

Der gleitende Blues-Lick am Anfang von Beispiel 1m beginnt genau wie der in Takt Drei des vorherigen Beispiels, aber auf Taktschlag 3 verwende den Zeigefinger auf der fünften Saite, den Mittelfinger auf der dritten Saite, dann Hammer-On und Pull-Off mit dem kleinen Finger.

Es gibt verschiedene Möglichkeiten, die Phrase in Takt Drei zu spielen. Experimentiere, bis du herausfindest, was für dich bequem ist, aber es erfordert einige Positionsverschiebungen. Am Ende von Takt Drei ziehe ich es vor, den kleinen Finger auf dem 5. Bund zu benutzen, dann umwechseln und den Mittelfinger für die Note auf dem 6. Bund zu benutzen, und den kleinen Finger für den 7. Bund.

Beispiel 1m

Inzwischen wirst du wahrscheinlich bemerkt haben, dass die gleichen Voicings (Griffmuster) und Fingersätze verwendet werden, aber es gibt ein paar Dinge, auf die du achten solltest. Wenn du das nächste Beispiel spielst, achte auf die gleitenden Sexten in Takt Drei. Verwende deinen kleinen und Ringfinger, dann wechsle zu Zeige- und Mittelfinger am 3. und 4. Bund, wobei der Mittelfinger den Basston greift.

Beispiel 1n

Benutze den rechten Daumennagel für den Anschlag in Takt Zwei von Beispiel 1o.

Beispiel 1o

Beispiel 1p sieht zunächst knifflig aus, aber alle Bassnoten fallen auf den Taktschlag und die Melodielinie besteht aus einfache Triolen oder geswingte Achtelnoten.

Die Basslinie in Takt Vier wird mit dem linken Daumen gegriffen (für die Noten auf den zweiten und dritten Bünden). Dies soll die Saiten-Bends erleichtern.

Beispiel 1p

In diesem letzten Beispiel gibt es noch einige weitere linke „Daumen"-Bassnoten (Takt 1, Taktschlag 2, 3. Bund) und den gelegentlichen „Pre-Bend" (Takt 2, Taktschlag 1 und in Takt 1 der Coda).

Spiele in Takt 2 der Coda die Note im 12. Bund mit dem kleinen Finger und greife mit dem Mittelfinger zum 11. Bund im Bass. Spiele gleichzeitig einen Pull-Off auf der zweiten Saite vom 11. zum 10. Bund. Übe diese Bewegung zunächst langsam und vergiss nicht, dir das begleitende Audio anzuhören.

Schließlich, in Takt 40, benutze den Zeige- und Mittelfinger auf Taktschlag 4 für die erste und dritte Saite, dann Hammer-On und Pull-Off mit der linken Hand, dem Ringfinger. Greife mit dem Zeigefinger auf der fünften Saite, 2. Bund für die Oktave und gleite bis zum zwölften Bund hoch, um mit dem E13-Akkord die Übung zu beenden.

Beispiel 1q

Sobald du mit den vorherigen Beispielen vertraut bist, solltest du bereit sein, den gesamten *Riverside Blues* in Angriff zu nehmen.

Ich habe für dich ein Video des ganzen Stückes aufgenommen unter **http://geni.us/acousticvids**

Riverside Blues

Da Coda

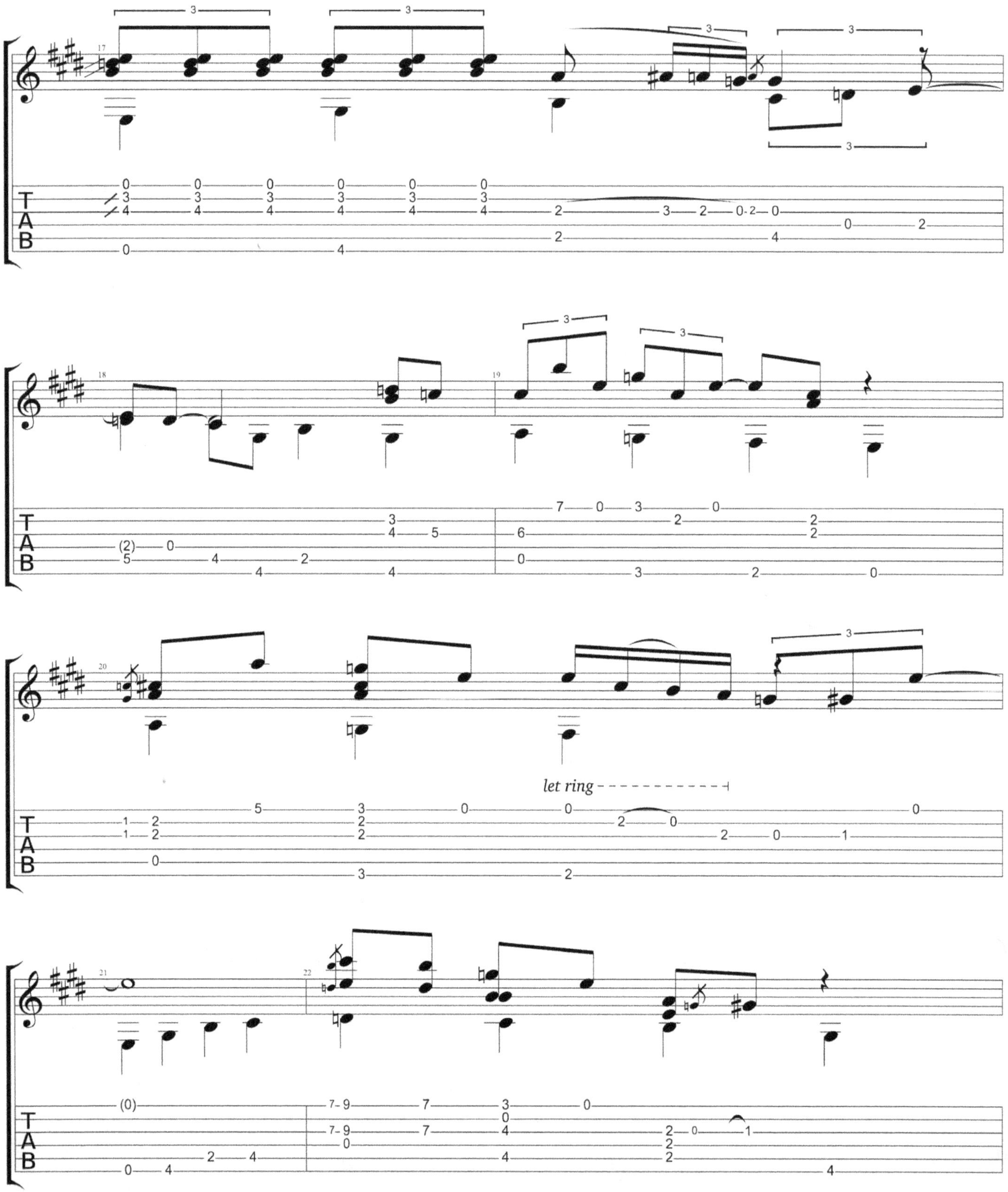
let ring

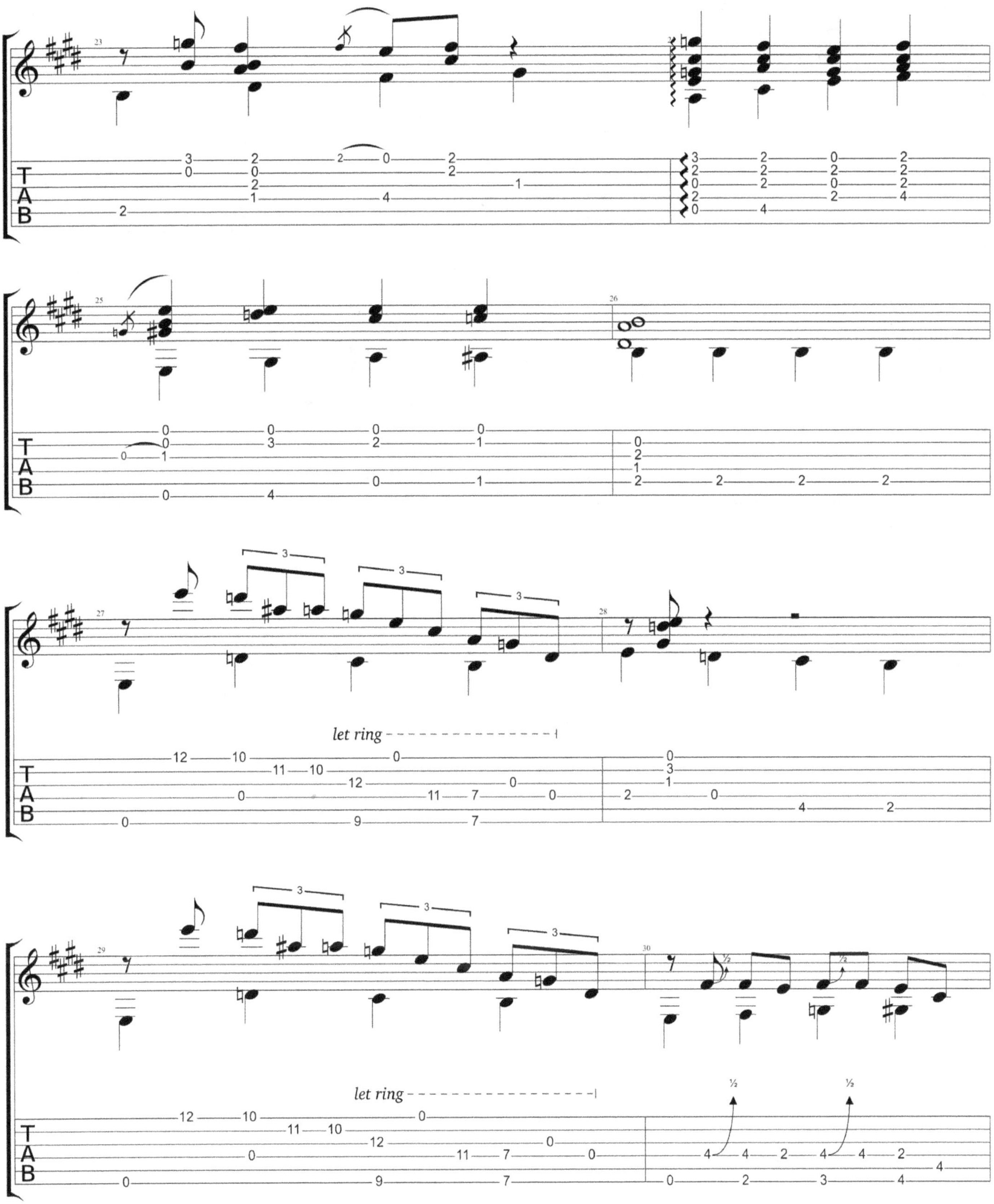
let ring
let ring
½
½

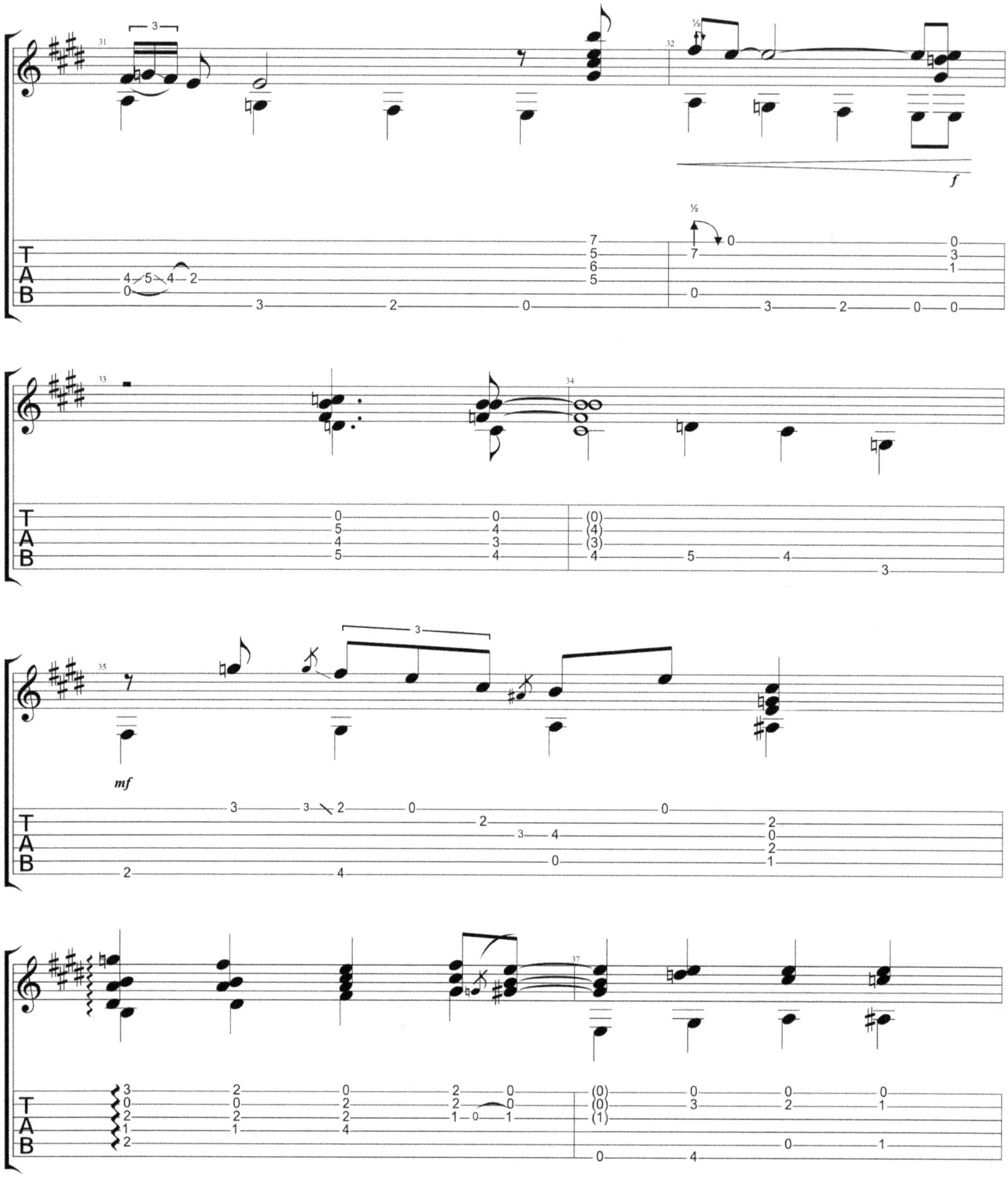

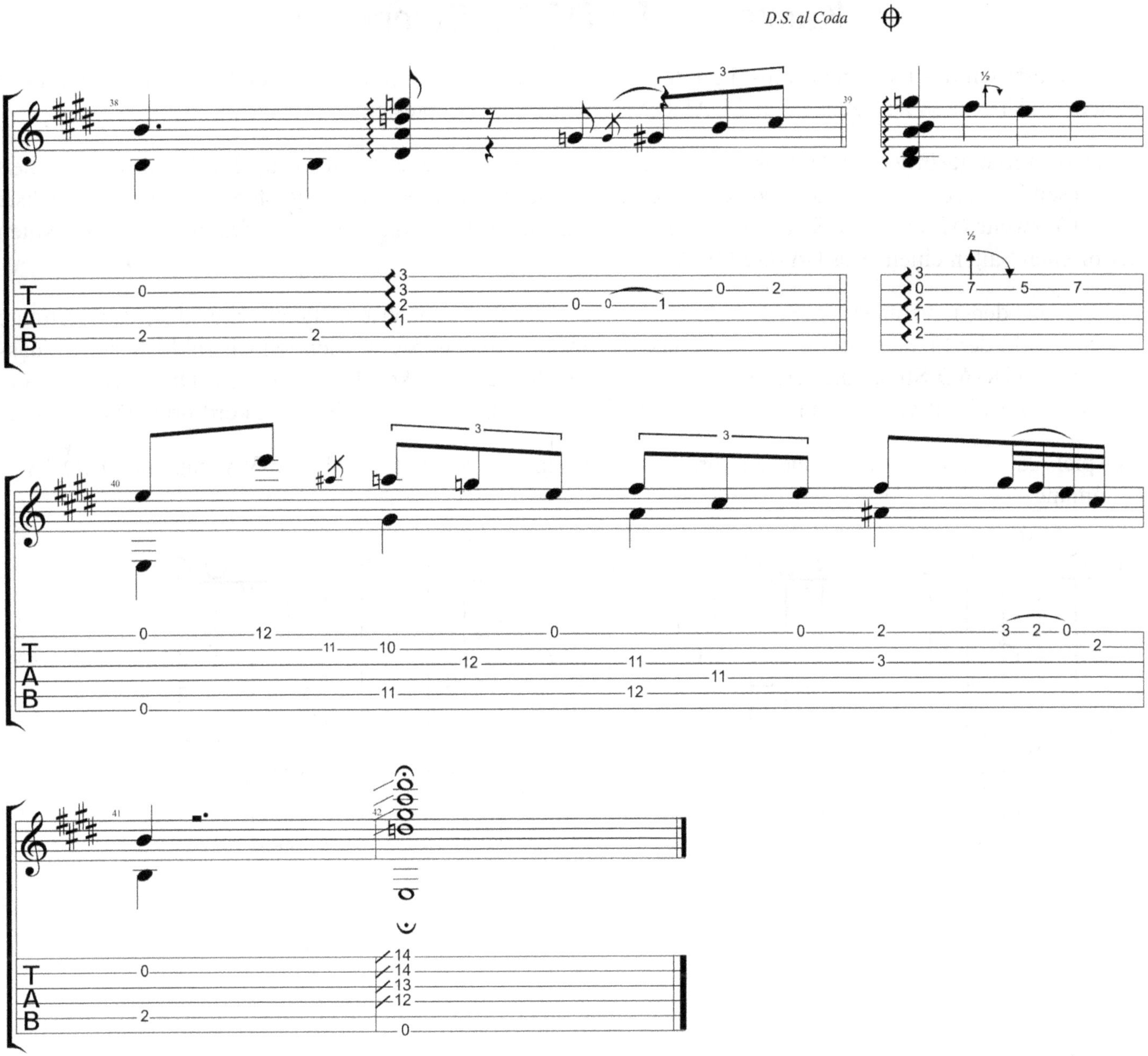
D.S. al Coda
TAB
TAB
TAB

Kapitel 2 – DADGAD-Stimmung

Viele Gitarristen des modernen Akustikgitarrenstils experimentieren mit alternativen Stimmungen, um neue Sounds und Texturen zu erzeugen, und DADGAD ist eine der beliebtesten.

DADGAD erlangte in den 1960er Jahren durch Folk-Gitarristen wie Davey Graham und Bert Jansch Berühmtheit und ist seitdem zu einem Standbein von Celtic-Gitarristen und modernen Fingerstylisten geworden. Die sechste (tiefe E), zweite (H) und erste Saite (hohes E) werden alle einen Ganzton heruntergestimmt, so dass die Noten der offenen Saiten einen Dsus4-Akkord bilden.

Diejenigen, denen veränderten Stimmungen neu sind, werden zunächst vielleicht die Idee, das vertraute Griffbrettbild der Standardstimmung zu verlassen, abwegig finden. Sie werden jedoch bald feststellen, dass sich die DADGAD-Stimmung unglaublich gut für verschiebende Akkordformen eignet. Die offene D-Saite gibt quasi die Tonart vor und es ist leicht, einfache, aber resonante, symmetrische Akkordformen zu spielen.

Beispiel 2a veranschaulicht eine Akkordfolge mit einigen nützlichen Akkord-Voicings in DADGAD-Stimmung.

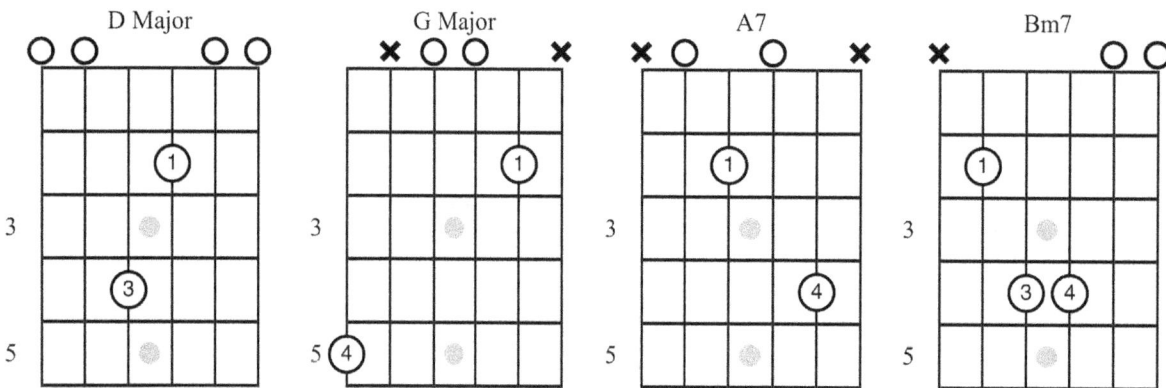

Beispiel 2a

Hier ist jetzt die gleiche Sequenz als ein mit den Fingern gezupftes gebrochenes Akkordmuster, mit ein paar Pull-Offs und Hammer-Ons, die an DADGAD-Gitarristen wie Pierre Bensusan erinnern.

Beispiel 2b

Die nächste Übung soll dir helfen, dich mit dem DADGAD-Stimmung-Layout vertraut zu machen, indem du die D-Dur-Tonleiter spielst. Beachte, wie die Stimmung die Verwendung von lang ausklingenden offenen Saiten erleichtert. Achte darauf, dass die Noten für einen maximalen Effekt ineinander übergehen.

*NB: Die Beispiele 2c und 2d haben begleitende Videos, die dir unter **http://geni.us/acousticvids** weiterhelfen.*

Beispiel 2c

Die nächsten Beispiele beziehen sich auf eines von zwei DADGAD-Übungsstücken, die ich für dich beigefügt habe. Das erste ist eine Version der traditionellen irischen Jigs, *The Blackthorn Stick,* der für DADGAD arrangiert wurde. Arbeite dich durch die folgenden Auszüge durch, um die Techniken zu beherrschen, bevor du das ganze Stück in Angriff nimmst.

In Beispiel 2d wird der Zeigefinger für den gesamten ersten Takt auf der dritten Saite, dem 6. Bund, und der kleine Finger auf der vierten Saite, dem 9. Bund, verankert (in etwa so, wie du eine Akkordform gedrückt hältst). Diese Art der *Verankerung* ermöglicht es, dass die Noten weiter ineinander übergehen.

Die notwendige Anschlagweise der rechten Hand (**p, i, m, a**) ist für die ersten Takte notiert. Für den arpeggierten Akkord in Takt Vier strecke schnell deine rechten **p-, i-** und **m**-Finger aus und lasse das Timing des Anschlags leicht schwanken.

Beispiel 2d

Verwende den Zeigefinger, um das *Glissando* in Takt 7 von Beispiel 2e zu spielen. Als nächstes ziehe den linken Zeigefinger zur offenen Saite ab und zupfe die folgenden offenen Saiten abwechselnd mit den Fingern (**i** und **m**) der rechten Hand.

Gehe gleichermaßen vor um die gleichen Töne in den Takten 9 und 10 zu spielen (die Griffweise ist beschriftet).

Beispiel 2e

Für den abschließenden Abschnitt denke daran, die rechten zupfenden Finger für die offenen Saiten am Ende wie im vorherigen Beispiel abwechselnd zu benutzen.

Beispiel 2f

Hör dir nun das komplette Arrangement von *The Blackthorn Stick* an und schau dir das Video unter **http://geni.us/acousticvids** an, bevor du das Stück in Angriff nimmst. Denke daran, es zunächst langsam und präzise zu spielen

The Blackthorn Stick

Nun, da du mit der DADGAD-Stimmung etwas vertrauter bist, gibt es hier ein anspruchsvolleres Arrangement. Noch einmal werden wir uns einige Auszüge aus der Melodie ansehen, um uns auf die erforderliche Technik und Griffweise zu konzentrieren.

In den Takten 1 bis 4 werden nur zwei Akkordformen verwendet. Für die erste Form bilde mit deinem Zeigefinger über dem 4. Bund einen Barré. Greife die Note auf der sechsten Saite mit deinem Mittelfinger. Verwende deinen Ringfinger, um die Note auf der zweiten Saite zu spielen.

In Takt 5 gibt es einen arpeggierten Akkord. Spiele dies nach dem gleichen Ansatz wie bei Beispiel 2e. In Takt 5, Taktschlag 3, verwende deinen linken kleinen Finger, um bis zum 7. Bund zu gelangen, während du den Rest des Akkords gedrückt hältst.

Beispiel 2g

Das neue Voicing in Takt 17 kann eine gewisse Herausforderung darstellen. Halte diesen Akkord, indem du mit dem Mittelfinger die Bassnote auf der sechsten Saite, mit dem Ringfinger die zweite Saite, mit dem kleinen Finger die erste Saite und dem Zeigefinger die dritte Saite greifst.

Beispiel 2h

Um die Akkordform in Takt 18 zu spielen, musst du dich ein wenig dehnen. Halte die Bassnote mit dem Zeigefinger gedrückt. Verwende deinen Mittelfinger auf der dritten Saite, den Ringfinger auf der ersten Saite und den kleinen Finger auf der zweiten Saite.

Achte auf den Pull-Off in Takt 26 (verwende dazu den kleinen Finger).

In Takt 27 bilde mit deinem Zeigefinger einen Barrégriff über die oberen drei Saiten auf dem zweiten Bund. Füge deinen Mittel- und Ringfinger hinzu, um die Noten auf dem dritten Bund zu spielen, und spiele dann den Ton auf dem 5. Bund mit deinem kleinen Finger, während du den Akkord noch gedrückt hältst.

Beispiel 2i

In Takt 35, verwende den Zeigefinger, um die sechste Saite zu greifen, den kleinen Finger für die zweite Saite und den Mittelfinger für die dritte Saite.

Behalte diese Form bei, aber berühre nicht die erste oder fünfte Saite – sie werden für eine offene Saite und eine Harmonik benötigt. Halte die Spitze des Zeigefingers über den 7. Bund und zupfe entweder mit dem Daumen oder dem Fingernagel des Ringfingers.

Benutze den Ringfinger auf der vierten Saite im nächsten Takt.

Beispiel 2j

Das zweite Ende der Melodie verwendet einige eher dunkle (und manchmal unharmonische) Mollklänge.

In Takt 41, Taktschlag 2, greife diese Noten mit dem Mittel- und Ringfinger und benutze den kleinen Finger, um die erste Saite, im 3. Bund, zu spielen.

In Takt 42, Taktschlag 1, benutze den Zeige- und Ringfinger. Auf Taktschlag 2 benutze den Mittelfinger, dann den kleinen Finger auf Taktschlag 4.

In Takt 43, Taktschlag 1, benutze den Zeige- und Mittelfinger. Für Taktschlag 2 benutze den Ringfinger und für Taktschlag 3 den kleinen Finger.

Beispiel 2k

Sieh dir das Ausführungs-Video unter **http://geni.us/acousticvids** an, bevor du das Lernstück in Angriff nimmst.

Gymnopédie No.1

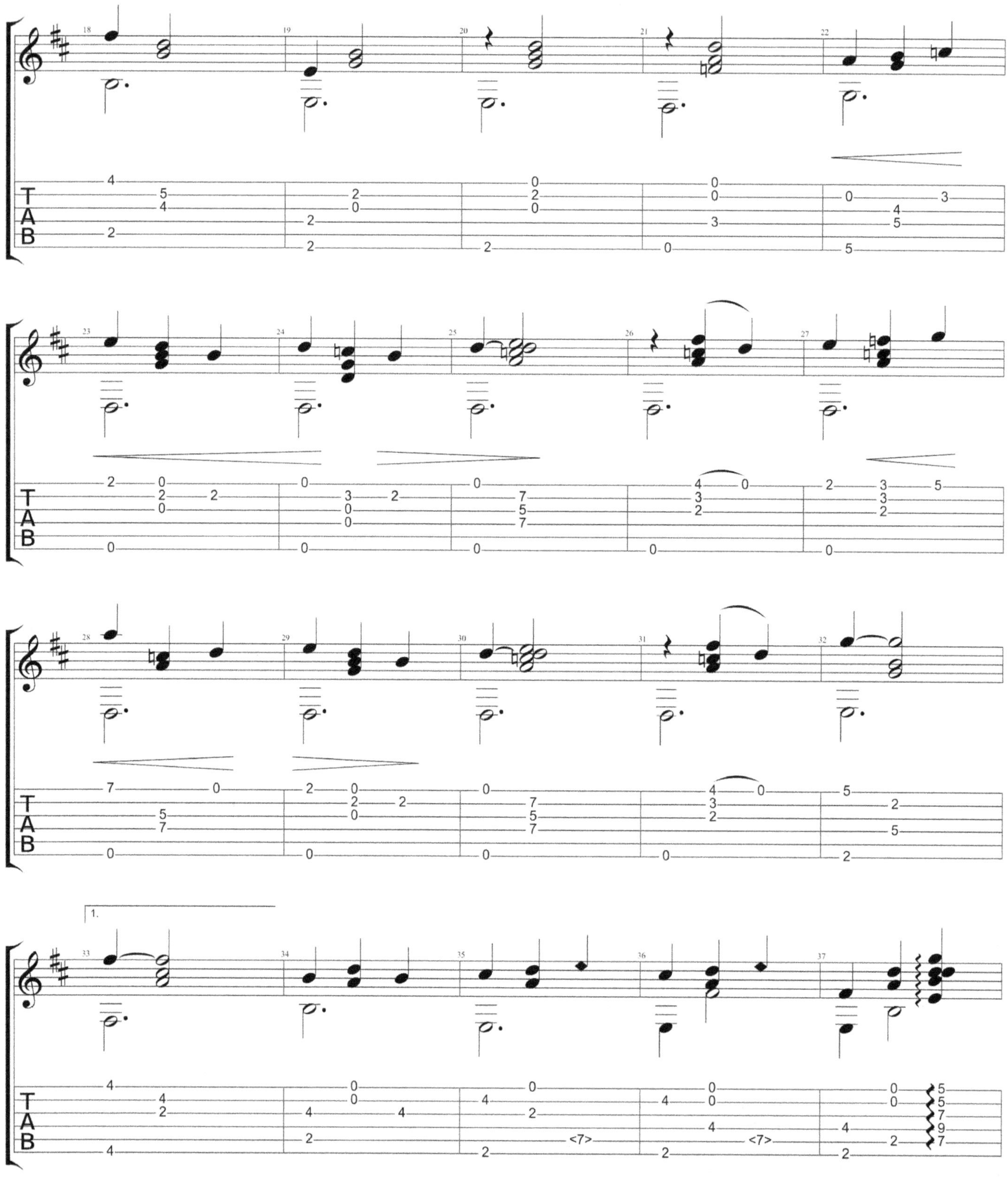

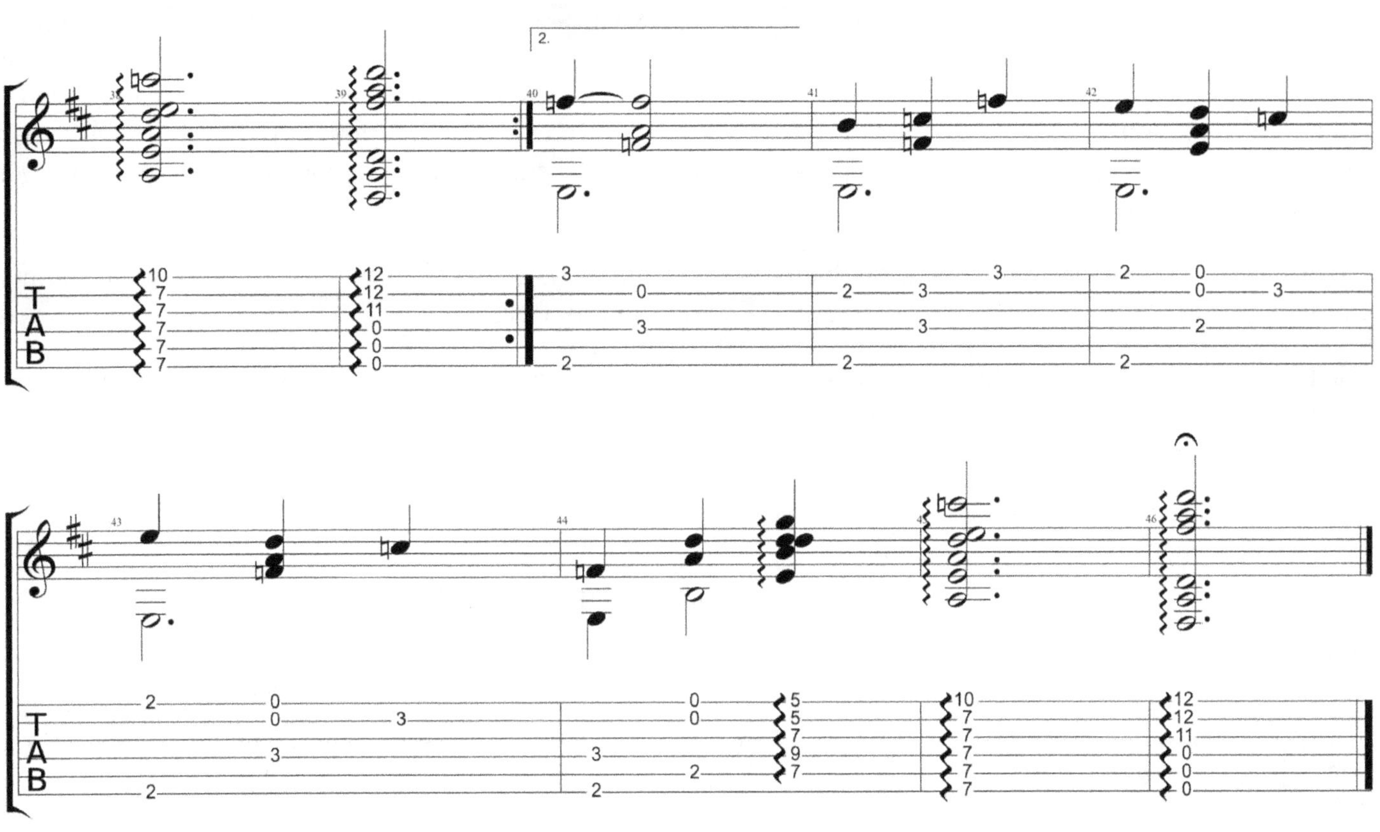
2.
T
A
B

Kapitel 3 – Travis-Picking

„Travis-Picking" ist eine der bekanntesten Techniken der Fingerstyle-Gitarre und ist nach dem legendären Country-Gitarristen Merle Travis benannt. Die Technik wird erreicht, indem abwechselnd Saiten mit dem Daumen gespielt werden, um eine Basslinie- und/oder Akkordbegleitung zu erzeugen, während die Finger eine Melodie auf den höheren Saiten spielen.

Ursprünglich ein Country and Folk-Standbein, wird die Technik seither von allen verwendet, von Tommy Emmanuel und Doyle Dykes bis hin zu Paul Simon und Lindsay Buckingham.

Die hier aufgeführten Beispiele sind in Standard-Stimmung geschrieben und gehen von der Verwendung eines Daumenplektrums aus, wie es Merle Travis und Chet Atkins verwendet hätten. Wenn du keins hast oder einfach nur deinen bloßen Daumen benutzen willst, ist das auch in Ordnung.

Beispiel 3a wird dir helfen, mit dieser Technik loszulegen. Zupfe dieses Muster auf einfachen C- und G-Akkorden, aber verwende *nur deinen Daumen*. Du solltest auf den tiefen Saiten einen leichten „Palm-Mute" machen, indem du deine rechte Hand in der Nähe des Stegs ablegst.

Beispiel 3a

Lerne nun diese Melodie, die auf den hohen Saiten gespielt wird.

Beispiel 3b

Füge nun die beiden Teile zusammen! Sieh dir das Video zu Beispiel 3c unter **http://geni.us/acousticvids** an, um mehr Einblicke zu erhalten.

Die Melodie wird mit den Fingern gespielt, während sich der Daumen um die Begleitung kümmert.

Beispiel 3c

Wenn du es nicht gewohnt bist, diesen Stil zu spielen, kann das zunächst etwas anstrengend erscheinen. Mein Ratschlag ist, dir zuerst den Daumenteil anzusehen und zu sehen, wo die Melodienoten mit den Bassnoten übereinstimmen. Behandle diese als eine Bewegung deiner Finger.

Zum Beispiel werden auf Taktschlag 1 im ersten Takt die Bassnote (mit dem Daumen **p** gezupft) und die Melodienote (mit dem Ringfinger **a** gezupft) gleichzeitig gespielt. Übe diese Bewegung, bis sie reibungslos ist, und füge dann den nächsten Teil der Phrase hinzu – in diesem Fall die beiden mittleren Saiten, die gleichzeitig mit nur dem Daumen gezupft werden.

(Im Zweifelsfall denke daran, dass die mit dem Daumen gezupften Noten immer mit dem Notenhals nach unten und die mit den Fingern gezupften den Hals nach oben zeigen).

Beachte, dass auf den Saiten mit der Melodie kein „Palm-Mute" ausgeführt wird, auch wenn es so bei den tieferen so ist. Dies erfordert, dass du deine zupfende Hand leicht angewinkelt hältst, dadurch erzeugst du einen soliden Rhythmuspart, während die Melodie klar klingt.

Beispiel 3d

Sobald du den Bogen zum einfachen Travis-Muster gemeistert hast, probiere dieses komplexere Muster aus, das lose auf dem Pickingmuster im *Cannonball Rag* von Merle Travis basiert.

Beispiel 3e

Wie bei den vorherigen Beispielen beginne damit, dich auf die Stellen zu konzentrieren, an denen sich die Daumen- und Fingeranordnungen auf gleicher Höhe befinden und übe diese einzelnen Bewegungen. In diesem Beispiel musst du auch gelegentlich Saitenpaare zupfen.

Beispiel 3f

Weitere Techniken

Wir haben einige der Grundlagen des Travis-Pickings behandelt, aber natürlich gab es viele Gitarristen, die diese Technik erweitert und eigene Ideen hinzugefügt haben.

Hier sind einige Beispiele für den Banjo-inspirierten Stil von Jerry Reed. Wir werden später ein Stück in ganzer Länge namens *Jerry's Roadside Assistance* lernen, aber lass uns zuerst einige Teile genauer betrachten.

In Beispiel 3g spielst du eine melodische Linie, die offene Saiten und Pull-Offs kombiniert.

Beginne, indem du mit dem Zeigefinger im 5. Bund ein Barré greifst und mit dem Ringfinger den Hammer-On und Pull-Off spielst. Die nächste Note auf der vierten Saite sollte mit dem Daumen gezupft werden.

Die Double-Stops in diesem Beispiel werden immer mit dem Zeige- und Mittelfinger und die folgenden Noten (meist auf der vierten Saite) mit dem Daumen gezupft.

Die Beispiele 3g und 3h werden dir in Videos auf **http://geni.us/acousticvids** gezeigt.

Beispiel 3g

Im Beispiel 3h überprüfe sorgfältig, mit welchem Finger du zupfen sollst.

Dies ist eine ähnliche Idee wie die „Open String Scale" aus dem letzten Kapitel, allerdings mit einigen Pull-Offs und Slides.

Beispiel 3h

Beispiel 3i verwendet ein sich wiederholendes Zupfmuster der rechten Hand:

*   Der Daumen (**p**) zupft die vierte und fünfte Saite (und sechste ganz am Ende)

*   Der Zeigefinger (**i**) zupft die dritte Saite

*   Der Mittelfinger (**m**) zupft die zweite Saite

*   Der Ringfinger (**a**) zupft die erste Saite

Beispiel 3i

Beispiel 3j verwendet einen Lick mit Hammer-Ons auf der dritten Saite, gefolgt von einem Sprung zur ersten Saite. Benutze deinen Daumen, um die Noten auf der dritten Saite zu zupfen und deinen Ringfinger für die auf der ersten Saite.

Beispiel 3j

Hier ist die vollständige Studie im Stil des verstorbenen, bekannten Meisters des Daumen-Pickings, Jerry Reed (siehe **http://geni.us/acousticvids** für das Video).

Jerry's Roadside Assistance

Standard-Stimmung

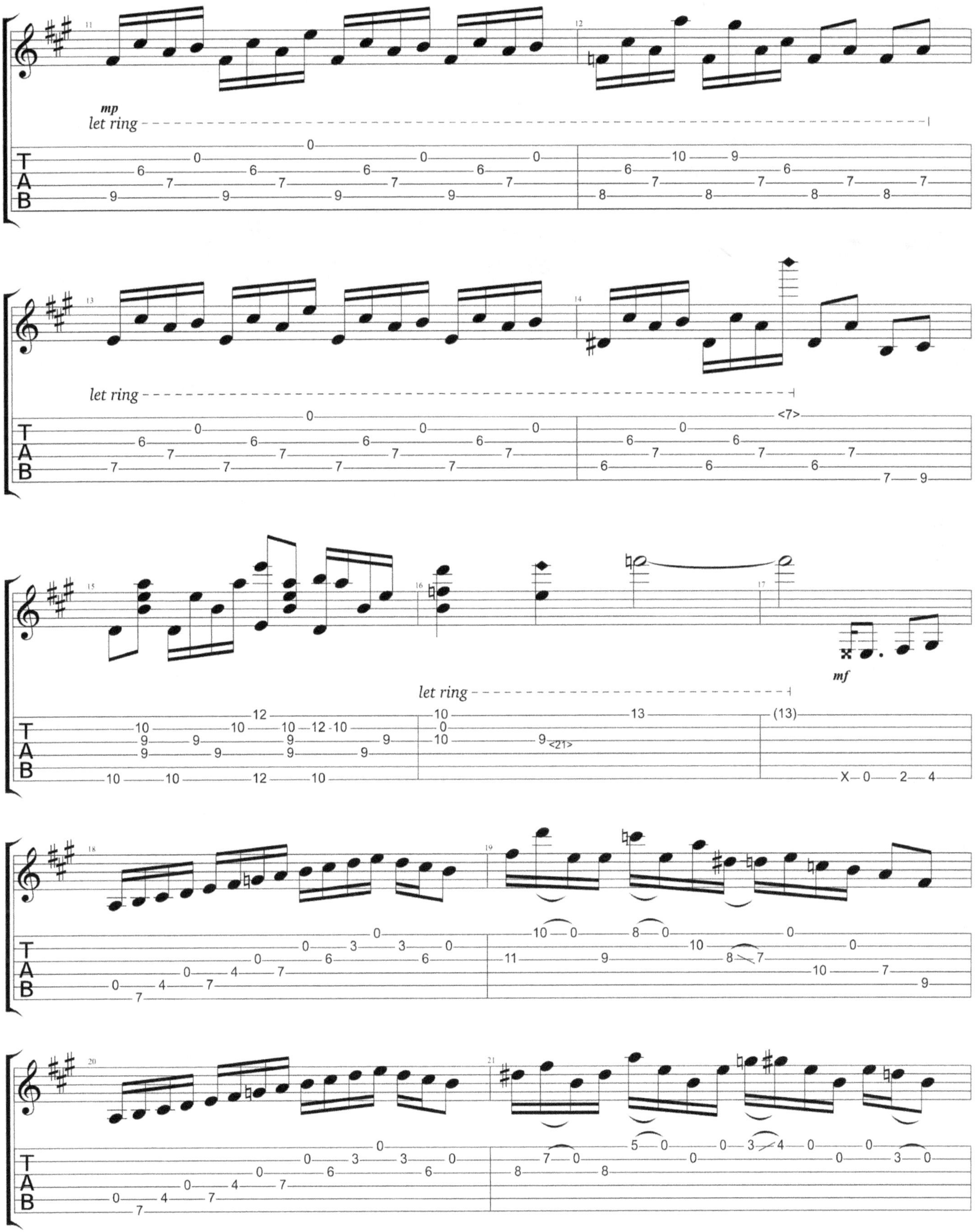
mp
let ring
let ring
let ring
mf

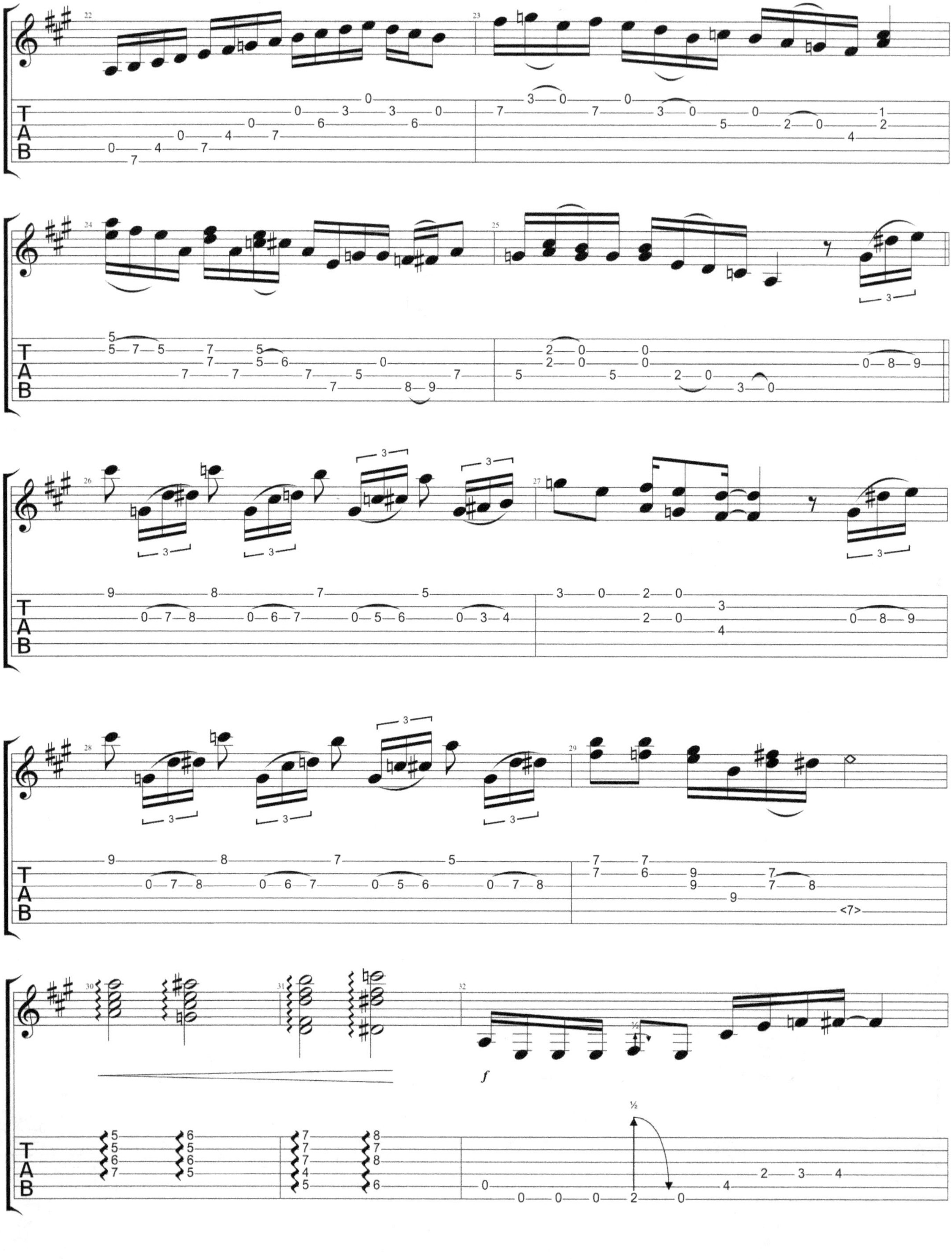

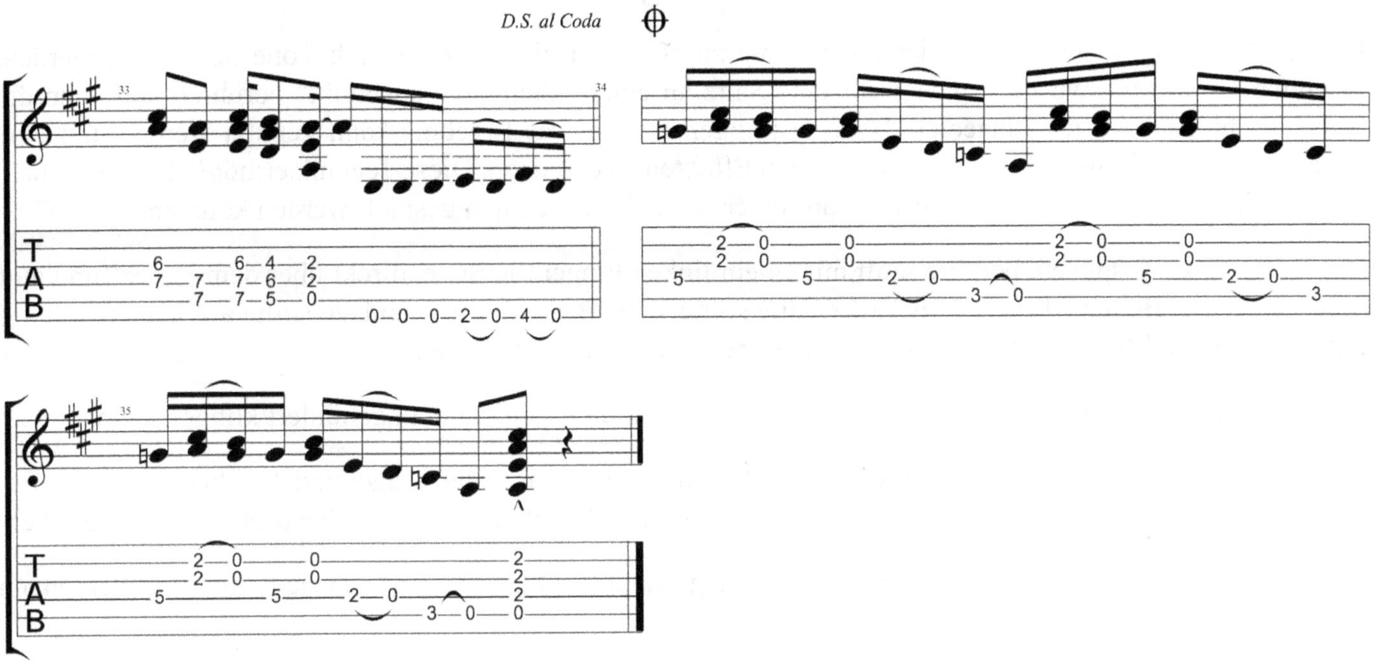
D.S. al Coda
TAB
TAB

Kapitel 4 – Flageolett-Töne

Einige Musikinstrumente sind in der Lage, Töne zu erzeugen, die als Flageolett-Töne bezeichnet werden. Bei einer Gitarre tun wir dies, indem wir eine Saite an einem „Schwingungspunkt" berühren und dann die Saite anschlagen und die Flageolett-Töne ausklingen lassen. Das Ergebnis kann genutzt werden, um eine ganze Reihe von himmelsgleichen, harfenartigen Effekten zu erzeugen. Diese Technik ermöglicht es uns auch, Noten in Tonhöhen zu erzeugen, die sonst auf einer Akustikgitarre nicht gespielt werden könnten.

Um Beispiel 4a zu spielen, berühre sanft mit einem linken Finger die Saite, direkt über dem in der Tabulatur notierten Bund. Benutze keinen Druck, die Saite sollte sich nicht bewegen, und sie sollte auf keinen Fall auf das Griffbrett gedrückt werden. Zupfe nur die Saite mit dem rechten Finger.

Entferne deinen linken Finger, während du die Note zupfst, damit die Saite ungehindert klingen kann.

Vorteilhaft wird es sein, die Flageolett-Töne des 12. Bundes mit dem vierten Finger und die Flageolett-Töne des 7. Bundes mit dem ersten Finger zu spielen, um die Dehnung zwischen den beiden Positionen zu ermöglichen.

Beachte, dass du Flageolett-Töne in der Notation aufgrund der „Diamantform" um sie herum leicht erkennen kannst.

Die Beispiele 4a - 4d inklusive haben alle Begleitvideos auf **http://geni.us/acousticvids**

Beispiel 4a

Beispiel 4b nimmt sich diese Idee im Drop-D Tuning vor (stimme nur deine tiefe E-Saite einen Ton auf D herunter). Eine Änderung der Stimmung einer Saite verschiebt die Position der natürlichen Flageoletts.

Für den Rest dieses Kapitels bleiben wir im Drop-D Tuning.

Beachte die Rhythmusänderung im zweiten Takt, wobei die gegriffenen Noten gleichbleiben.

Sei so präzise wie möglich, denn schon ein kleiner Abstand weg vom Schwingungspunkt behindert oder verhindert, dass der Flageolett-Ton erklingt.

Beispiel 4b

Das nächste Beispiel verwendet natürliche Flageoletts, um einfache Akkorde zu skizzieren, die auf den Up-Beats (Und-Betonung, 1 und 2 und 3…) des Taktes gespielt werden. Mache mit dem Ringfinger einen Barré über dem 12. Bund. Denke daran, die Saite nicht auf den Bund zu drücken, sondern berühre sie leicht und übe keinen Druck aus.

Als nächstes spiele mit dem Zeigefinger auf dem 7. Bund die Flageolett-Töne und dann gleite diesen Barré auf den 5. Bund hinunter. Verwende deinen zupfenden Daumen und den Zeigefinger, um sie zu spielen.

Beispiel 4c

Beispiel 4d ist die gleiche Idee mit einem zusätzlichen perkussiven Teil. Spiele dies, indem du leicht mit dem Daumen die tiefen Saiten zwischen den Flageolett-Tönen anschlägst (abgedämpft ohne zu greifen).

Beispiel 4d

Hier ist eine komplexere Idee, die Flageolett-Töne mit einem perkussiven Teil auf den tiefen Saiten kombiniert, ähnlich wie im vorherigen Beispiel. Möglicherweise möchtest du den perkussiven Teil zunächst weglassen.

Beispiel 4e

Die folgenden Beispiele zeigen die Technik der so genannten *Tapped Harmonics (Getappte Flageolett-Töne)*, bei denen man schwungvoll die Saite auf das Bundstäbchen drückt, anstatt darüber zu zupfen.

In Beispiel 4f greife über die unteren drei Saiten auf dem zweiten Bund einen Barré, um einen E-Moll-Akkord im Drop-D Tuning zu bilden.

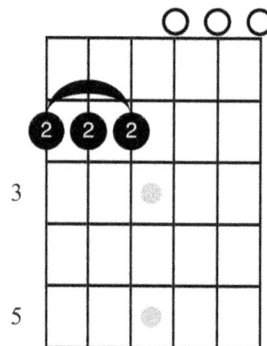

Tappe mit dem Mittelfinger schnell auf den 14. Bund (12 Bünde über der gegriffenen Note). Lass den tappenden Finger schnell „federn" und der Flageolett-Ton wird klingen.

Fahre fort, den Akkord weiter klingen zu lassen, indem du 12 Bünde über jeder der gegriffenen Noten tappst. Tappe den 12. Bund über den offenen Saiten am Ende des Beispiels.

Übe diese Technik, bis alle Flageolett-Töne klar erklingen, und du kannst den Akkord sanft umreißen, indem du die Töne ineinander übergehen lässt.

Beispiel 4f

Hier ist eine Triolen-Idee, die einen getappte Flageolett mit einem Hammer-On kombiniert.

Tappe mit dem Mittelfinger auf den 12. Bund und führe dann die gegriffenen Noten als Hammer-On mit dem Zeige- und Ringfinger aus.

Beispiel 4g

Tappe als nächstes mit dem Mittelfinger auf die Flageolett-Töne des 12. Bundes, dann führe mit den Fingern der linken Hand einen Hammer-On aus, um die restlichen Triolen zum Klingen zu bringen, wie im vorherigen Beispiel.

Beachte, dass die dritte Note in der Triole ein Hammer-On zu einer anderen Saite ist. Möglicherweise musst du etwas härter hämmern als sonst, damit sie klingt.

Der Schlussakkord verwendet getappte Flageolett-Töne gleichzeitig über drei Saiten. Tappe mit der Unterseite des Zeigefingers und halte ihn parallel zu den Bünden, damit alle drei Noten klingen.

Beispiel 4h

Werfen wir nun einen Blick auf die Gesamtstudie, die fast ausschließlich aus natürlichen Flageoletts besteht.

Da Flageoletts einen unverwechselbaren „funkelnden" Klang haben, habe ich dieses Stück *Lyra* nach der Konstellation benannt. Sieh dir das Video unter **http://geni.us/acousticvids** an.

Lyra

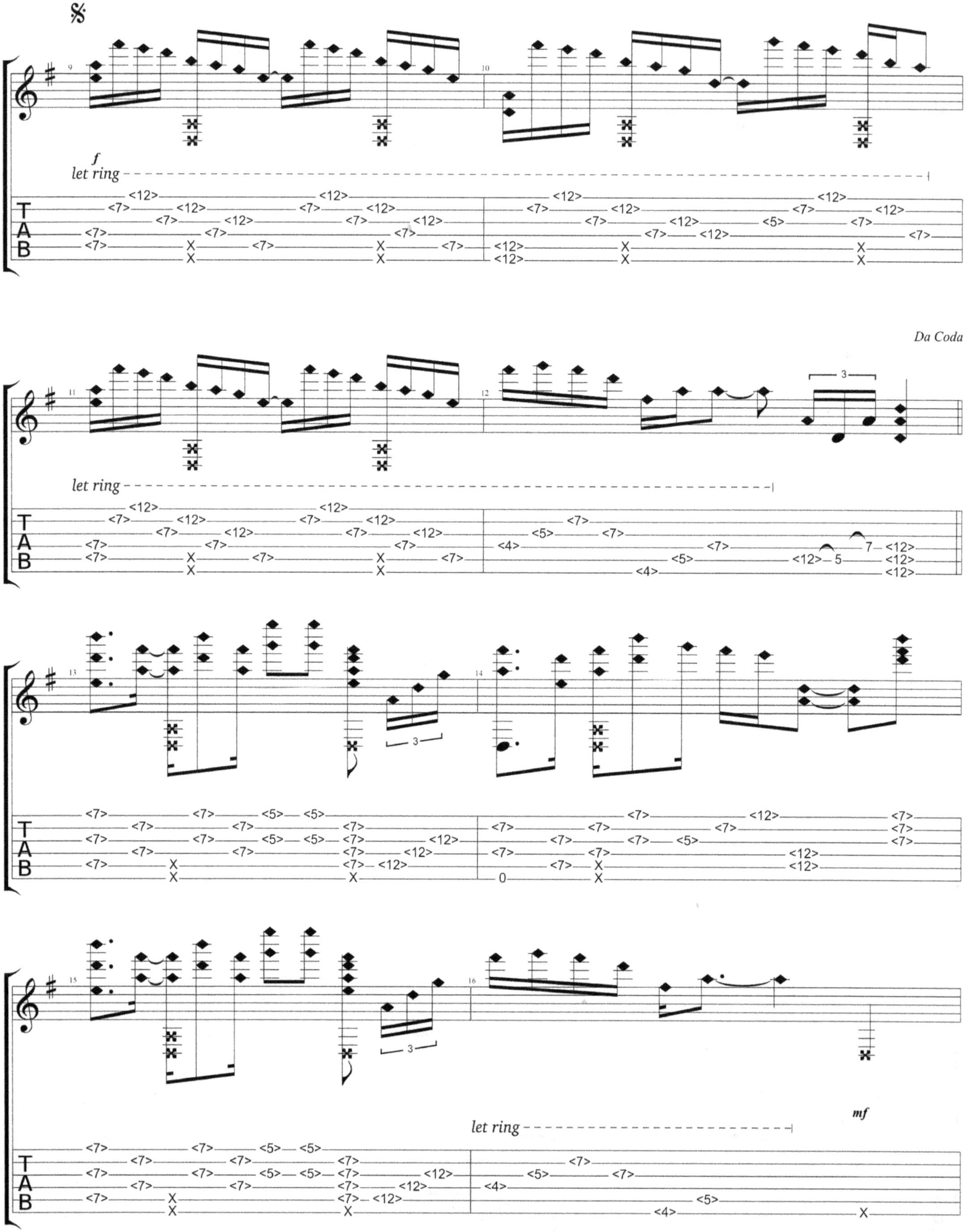
f
let ring
Da Coda
let ring
let ring
mf

p
let ring
let ring
let ring
mp
let ring
let ring
D.S. al Coda
let ring
let ring
f
let ring
let ring
let ring
let ring

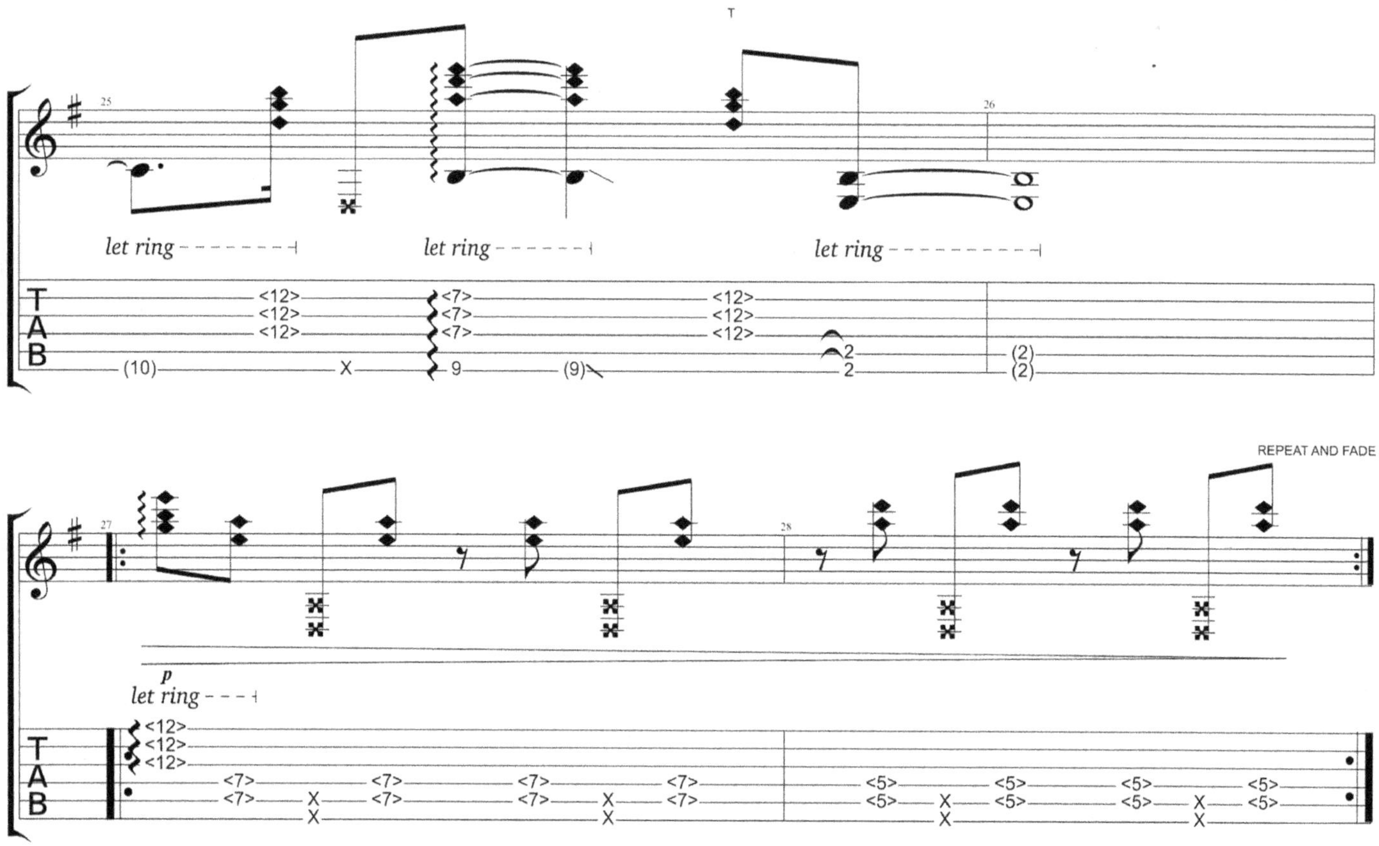
T
let ring
let ring
let ring
REPEAT AND FADE
p
let ring

Kapitel 5 – Künstliche Flageolett-Töne

Die *natürlichen* Flageoletts, die wir im vorherigen Kapitel behandelt haben, sind für Tonarten nützlich, die sich für die Verwendung von offenen Saiten eignen, aber *künstliche* Flageolett-Töne können in jeder Tonart verwendet werden. Künstliche Flageolett-Töne werden erreicht, indem der Schwingungspunkt 12 Bünde über jeder Note – ob es eine Open String- oder gegriffene Note ist – berührt wird, während die Saite mit dem Daumen gezupft wird, wie unten dargestellt.

Probiere diese Technik aus, indem du zunächst die natürlichen Flageolett-Töne am 12. Bund spielst, aber anstatt beide Hände zu benutzen, verwende nur deine zupfende Hand.

Positioniere die Spitze des Zeigefingers über dem Schwingungspunkt (sechste Saite, 12. Bund, über dem Bunddraht selbst). Verwende nun deinen Daumennagel oder dein Daumenplektrum, um die Saite zu zupfen. Denke daran, den Zeigefinger leicht anzuheben, nachdem du die Note gezupft hast, damit der Flageolett-Ton erklingt.

Als nächstes zupfst du die offene dritte Saite normal mit deinem Ringfinger. Fahre mit diesem Muster über das Griffbrett fort, wie unten gezeigt. Das Ergebnis ist ein satter „Harfen"-Effekt.

Schau dir an, wie es auf **http://geni.us/acousticvids** demonstriert wird.

Beispiel 5a

Es kann etwas Zeit in Anspruch nehmen, um einen sanften „kaskadierenden" Effekt zu erzielen, also übe das, bis es gleichmäßig klingt.

Jetzt, da du die linke Hand beim Klingenlassen von Flageolett-Tönen weggelassen hast, kannst du sie stattdessen verwenden, um Griffbilder zu formen. Mache mit deinem Zeigefinger auf dem 5. Bund einen Barré und benutze den kleinen Finger auf der ersten Saite.

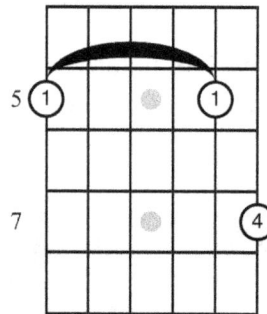

Verwende die gleiche Technik wie im vorherigen Beispiel, um den Akkord mit einer Kombination aus normalen Noten und künstlichen Flageolett-Tönen grob darzustellen. Positioniere deinen Zeigefinger über dem 17. Bund (12 Bünde über dem 5. Bund), um dies zu spielen, und schau dir das Video zu diesem Beispiel in Aktion an.

Beispiel 5b

Probiere nun diese Harfen-Flageoletts an einer komplexeren Akkordform aus. Dieses Beispiel stammt aus dem Lernstück am Ende dieses Kapitels.

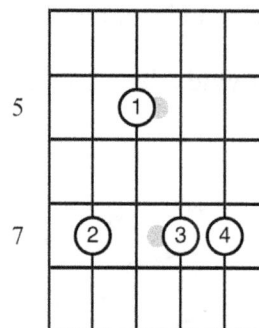

Um Beispiel 5c zu spielen, bilde mit deinen Fingern obigen Akkord. Verwende die gleiche Zupftechnik wie in Beispiel 5b, um die Kontur des Akkords am 17. und 19. Bund zu verfolgen. Mach es langsam und baue langsam Geschwindigkeit auf. Es kann zunächst schwierig sein, die Finger zu koordinieren!

Beispiel 5c

Das gleiche Prinzip gilt für Beispiel 5d, aber diesmal habe ich einige Verzierungen in Form von Pull-Offs hinzugefügt. Das folgende Diagramm zeigt, welche Griffweise du verwenden solltest. Die schwarzen Punkte sind die Noten, *von denen* du mit deinem Ringfinger einen Pull-Off machst.

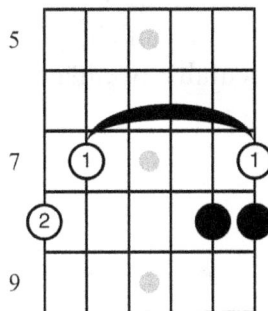

Beispiel 5d

Einige der Flageoletts, die dir im Lernstück begegnen, werden mit der Zweihandtechnik aus dem vorherigen Kapitel gespielt. Beginne in Beispiel 5e mit der gleichen Technik wie in Beispiel 5d. Für die Flageolett-Töne auf Taktschlag 1 von Takt 2 lege einfach den ersten Finger sanft über den 7. Bund und zupfe die Saiten mit deinem Daumen und dem Zeige- und Mittelfinger.

Dieses Beispiel wird in einem Video unter **http://geni.us/acousticvids** gezeigt.

Beispiel 5e

Der nächste Abschnitt des Lernstücks beinhaltet einige schnelle Wechsel zwischen der Zweihand- und der Einhandtechnik, wie in Beispiel 5f gezeigt.

Der erste Takt verwendet die Harfentechnik fast genau wie in Beispiel 5a gezeigt. In Takt Vier werden die ersten fünf Töne mit der Zweihandtechnik „harfenähnlich" gespielt, und das zweite Flageolett im 12. Bund (auf dem Up Beat von Taktschlag 3) wird ebenfalls zweihändig gespielt, zusammen mit den letzten beiden Tönen.

Beispiel 5f

Das letzte Beispiel zeigt einige weitere Flageolett-Techniken.

Das Flageolett im Takt 36 wird am 12. Bund getappt (wie im Beispiel 4g).

Das folgende Flageolett wird ebenfalls getappt, aber diesmal mach mit der linken Hand einen Hammer-On auf den dritten Bund, und dann einen Pull-Off auf die offene Saite. Die folgende offene Saite wird konventionell mit dem Daumen gezupft.

Greife in der zweiten Hälfte des Taktes 37 die Noten auf der zweiten und vierten Saite, slappe dann den 12. Bund mit dem Mittelfinger. Dies führt dazu, dass die natürlichen Flageolett-Töne der offenen Saiten erklingen, aber du hörst auch die anderen gegriffenen Noten.

Im folgenden Takt halte die gleiche Akkordform mit der linken Hand gedrückt und verwende eine ähnliche Technik wie den Harfen-Effekt in früheren Beispielen, spiele aber diesmal das Flageolett und die Ringfinger-Note gleichzeitig. Diese Techniken werden alle im Video des Lernstücks am Ende des Kapitels gezeigt.

Beispiel 5g

Sobald du mit den Techniken vertraut bist, probiere das Lernstück mit dem Titel *Snow*. Es wurde ursprünglich als Duett mit Geige geschrieben und fasst alle bisher enthaltenen Flageolett-Techniken zusammen.

Ein Performance-Video gibt es unter **http://geni.us/acousticvids**

Snow

Standard-Stimmung

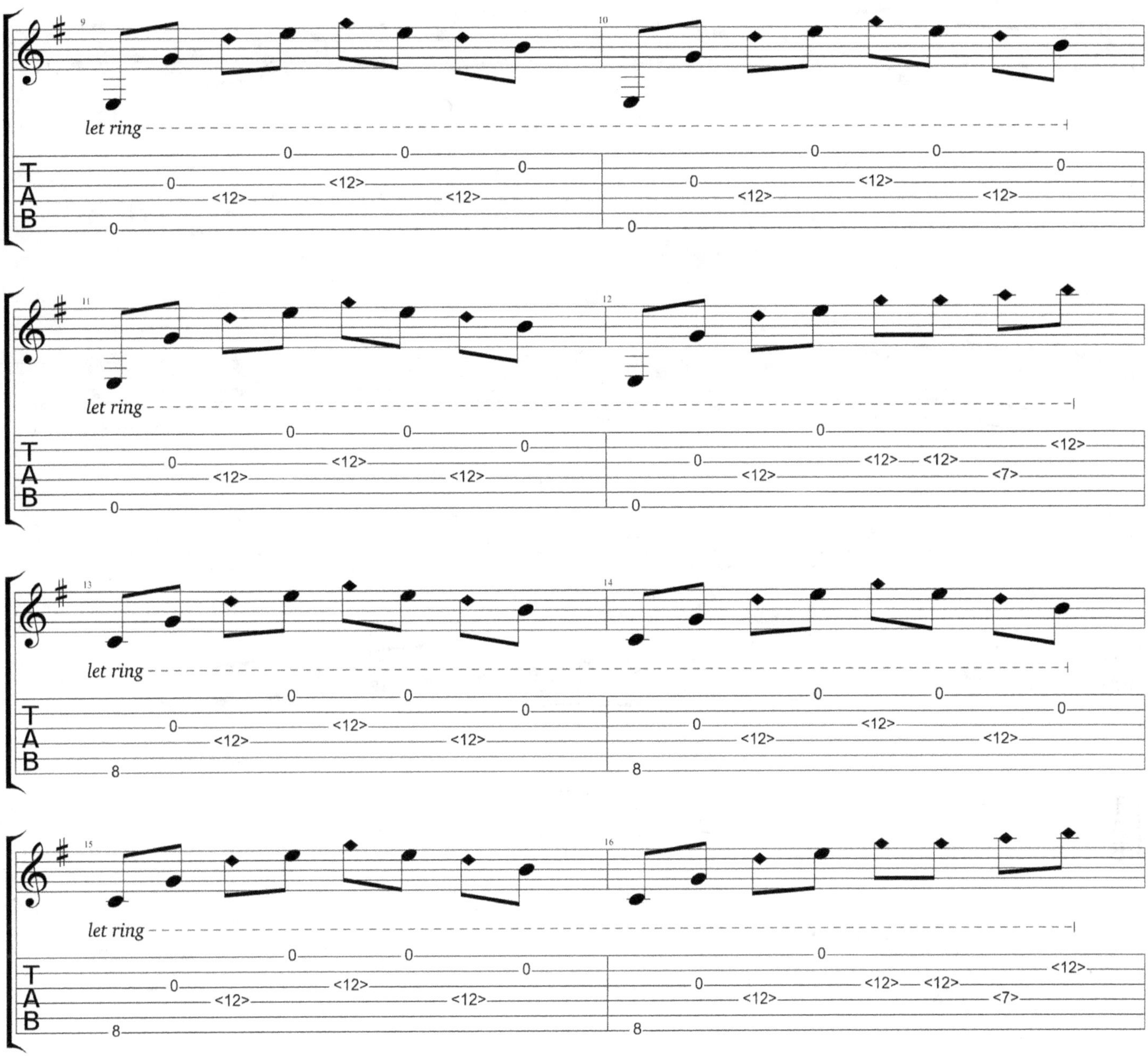
let ring
let ring
let ring
let ring

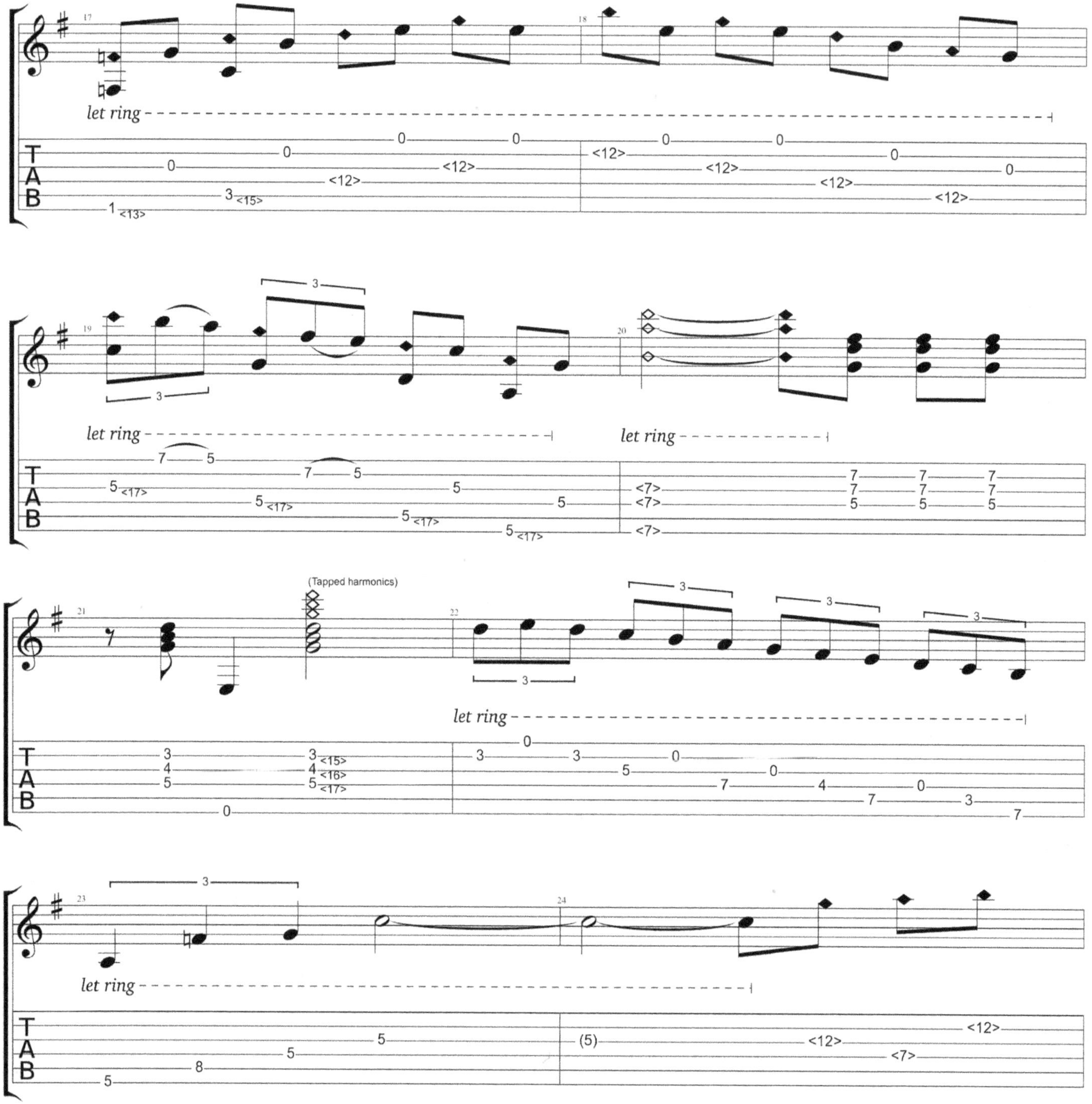
let ring
let ring
let ring
(Tapped harmonics)
let ring
let ring

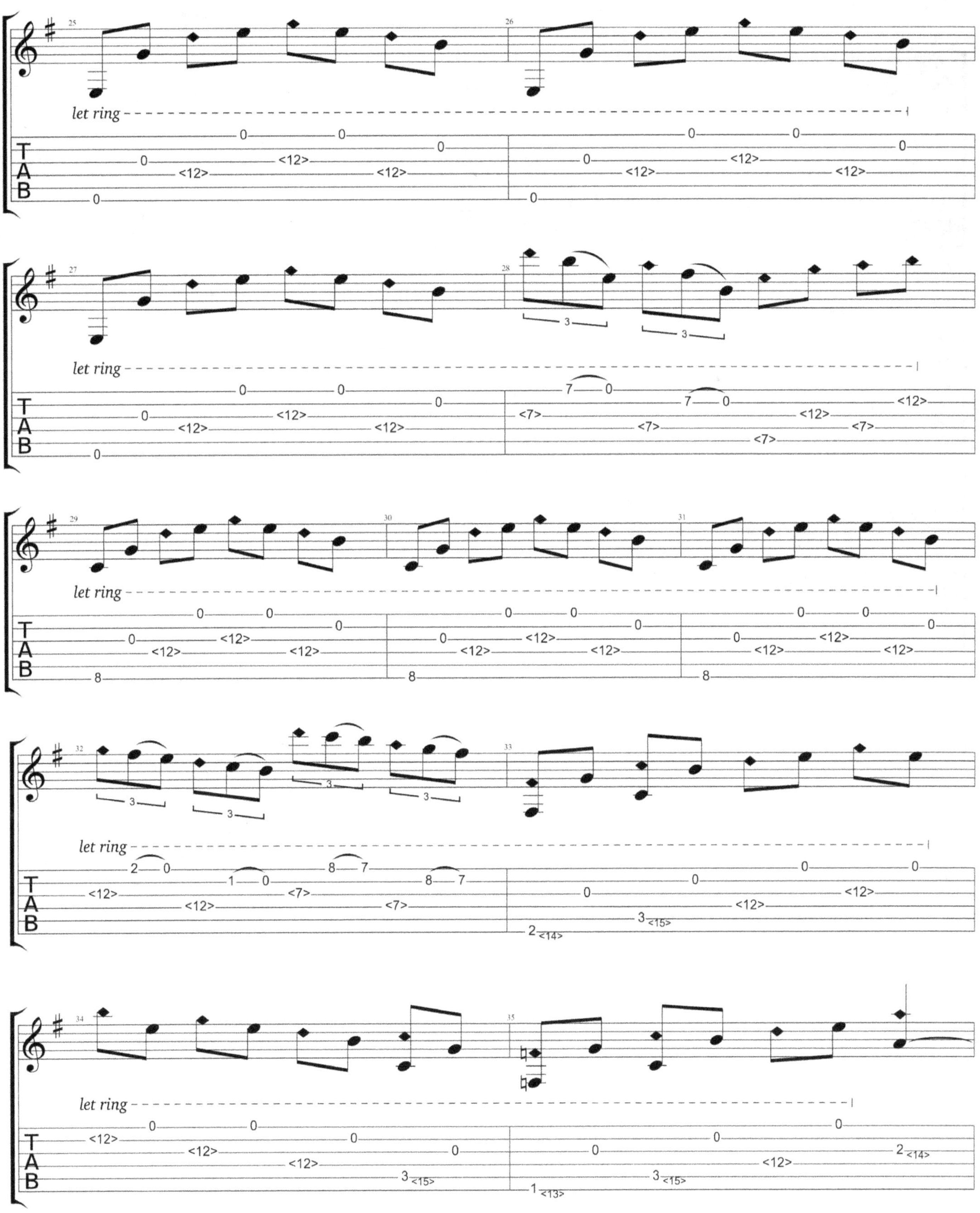
let ring
let ring
let ring
let ring
let ring

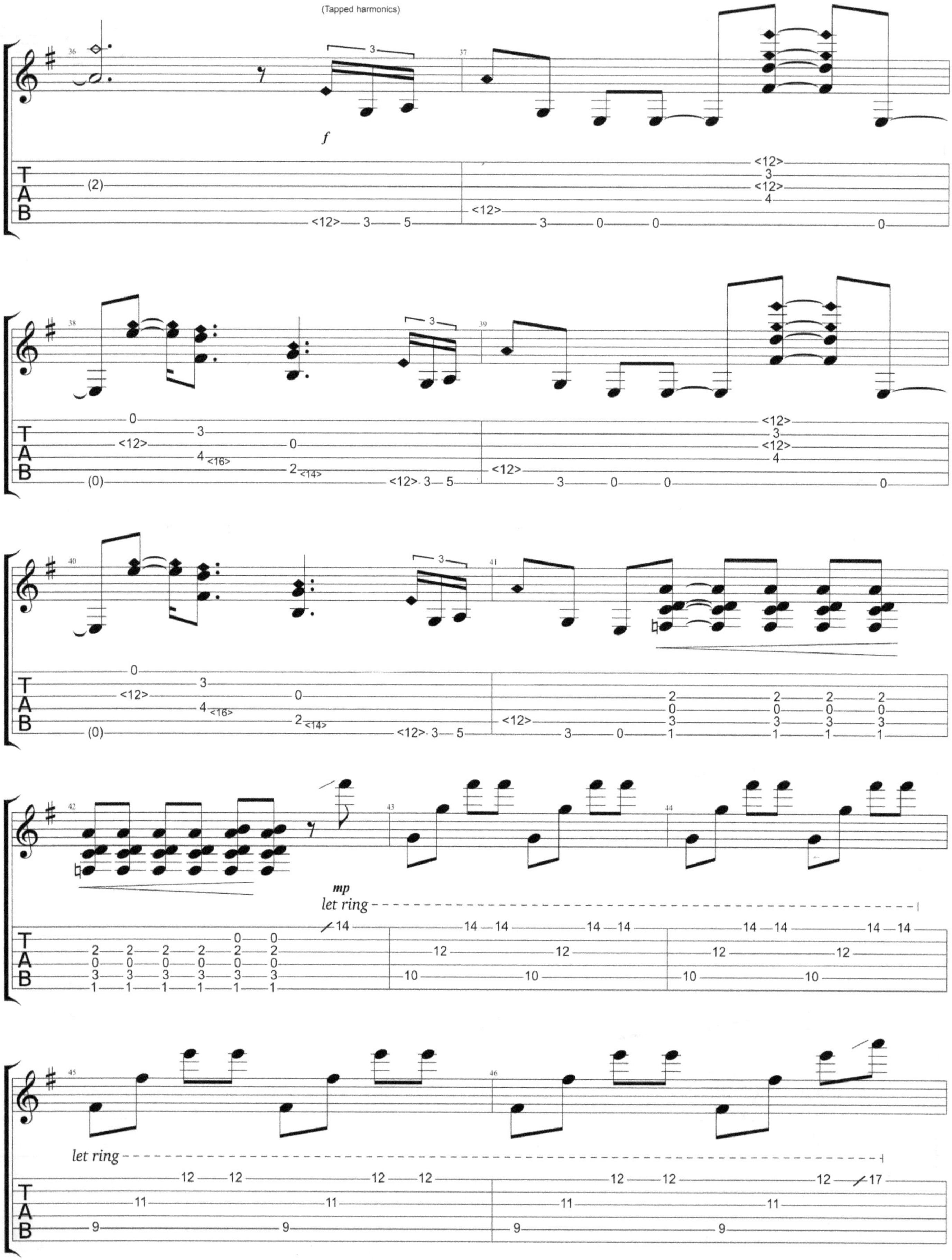
(Tapped harmonics)
f
mp
let ring
let ring

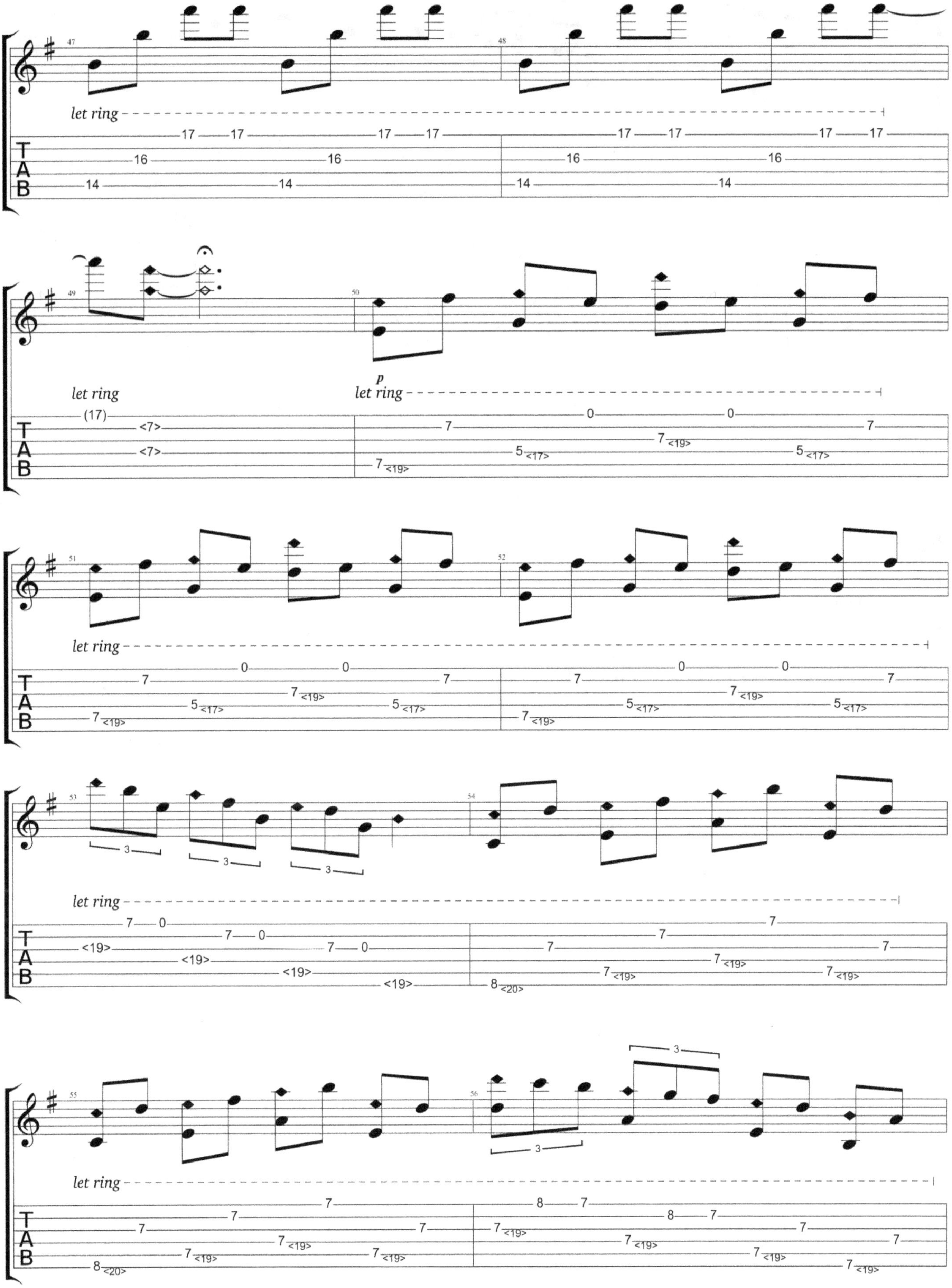
let ring
let ring
p
let ring
let ring
let ring
let ring

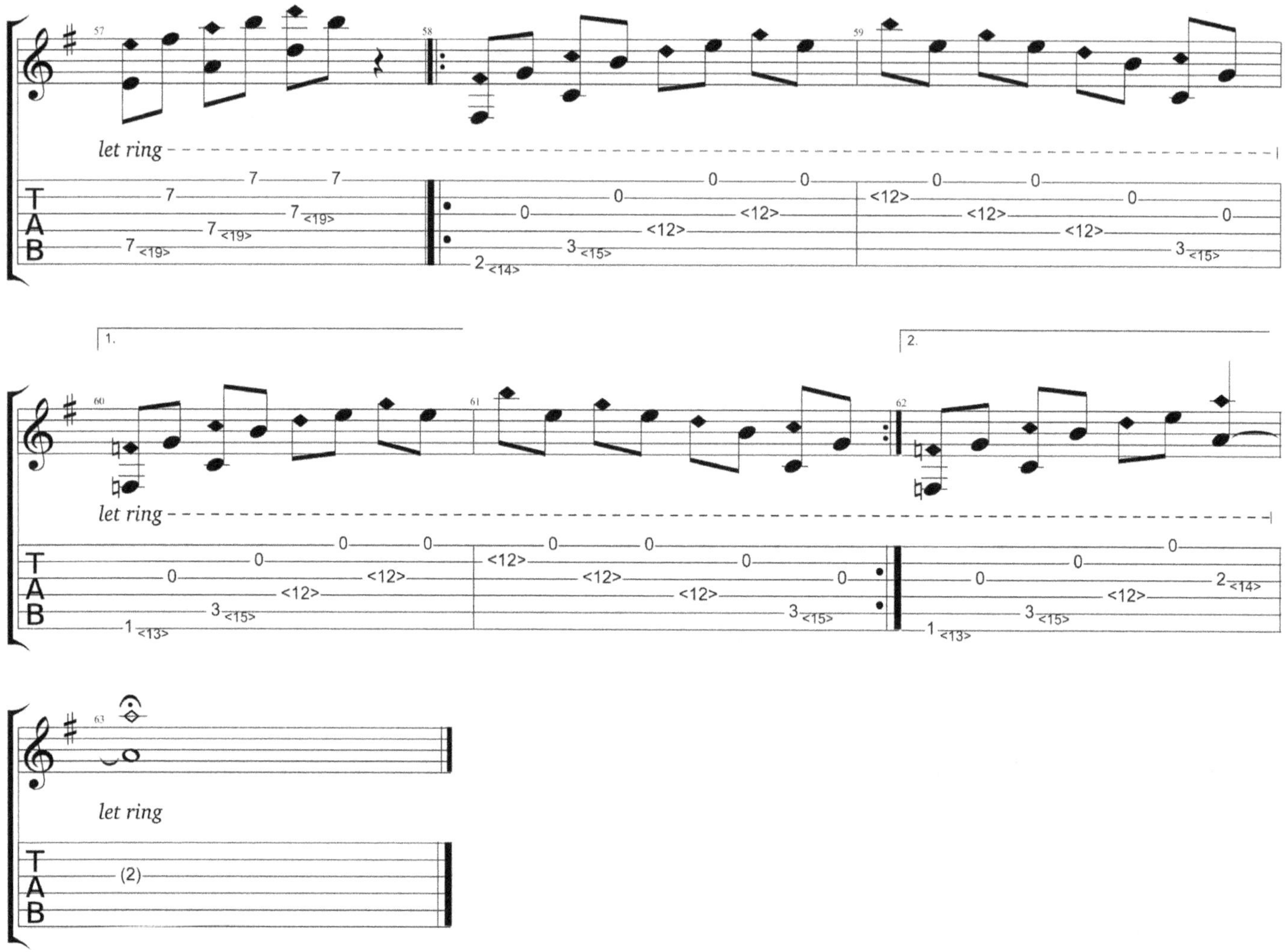
let ring
1.
2.
let ring
let ring

Kapitel 6 – Fret Tapping

Fret Tapping ist eine Technik, die in mehreren Genres des Gitarrenspiels eingesetzt wird. Im Rahmen der Fingerstyle-Akustik erfordert es, dass der Gitarrist einen Klang erzeugt, indem er auf dem Griffbrett auf die gewünschten Noten hämmert, anstatt eine Saite auf herkömmliche Weise zu zupfen – und das kann mit beiden Händen erfolgen.

Als Gitarrist mittleren oder fortgeschritteneren Niveaus wirst du diese Technik zweifellos im Rock-Gitarren-Kontext kennengelernt haben. In der zeitgenössischen Akustik-Spielweise wird es im Allgemeinen weniger „linear" verwendet, so dass die Spieler überladene, vielschichtige Texturen erzielen können, die oft die Hände frei machen, um perkussive Effekte und Flageoletts integrieren zu können.

Für dieses Kapitel musst du deine Gitarre auf CGDGAD stimmen. Dies ist ähnlich wie bei DADGAD, aber die fünfte und sechste Saite werden einen Ton tiefer gestimmt.

Beispiel 6a soll dir helfen, dich an das Tappen nur mit der linken Hand zu gewöhnen.

Beginne damit, mit dem Zeige- und Ringfinger zusammen auf die Bünde zu hämmern. Jetzt mach einen Pull-Off zu den offenen Saiten. Achte darauf, dass dabei keine anderen Saiten klingen. Wiederhole die Schritte wie unten gezeigt, bis du die Bewegung geschmeidig ausführen kannst. Dämpfe bei den ersten beiden Takten mit dem rechten Handballen etwas ab und erhöhe dann allmählich die Lautstärke in den Takten Drei und Vier.

Beispiel 6a

Verwende nun nur noch deine *rechte* Hand und mache ein Fret-Tap auf den tiefen Saiten, um eine einfache Akkordfolge zu umreißen. Das folgende Diagramm zeigt, wo deine Hand in Bezug auf das Griffbrett positioniert werden sollte.

Benutze deinen Zeigefinger, um auf der fünften und sechsten Seite einen Barré und Hammer-On zu machen. Du musst deine Hand wie abgebildet leicht anwinkeln.

Bewege nun denselben Finger zum zweiten Bund und mach einen Hammer-On, dann zum vierten Bund und mach schließlich einen Pull-Off, damit die offenen Saiten klingen können.

Beispiel 6b

Das Lernstück am Ende dieses Kapitels kombiniert diese beiden Teile, so dass du das gleichzeitige Spielen üben musst, was in Beispiel 6c vermittelt wird. Spiele es zunächst langsam durch und achte darauf, wo die Teile in der Notation stehen.

Halte den rechten Zeigefinger für den gesamten Takt gedrückt, während die linken Finger auf den Bünden auf- und ab schnellen. Das folgende Diagramm zeigt, wie die Hände positioniert werden sollten.

Sieh dir das Video von Beispiel 6c an, um zu sehen, wie es gemacht werden sollte: **http://geni.us/acousticvids**

Beispiel 6c

In Beispiel 6d wird bei allen Noten der sechsten Saite mit der rechten Hand ein Fret-Tap durchgeführt. Beginne mit dem Zeigefinger auf dem 7. Bund.

Als Nächstes benutze deinen linken Zeigefinger, um leicht an der zweiten Saite zu ziehen, wodurch die offene Saite erklingt, und verwende ihn dann, um auf dem 3. Bund einen Hammer-On zu erzeugen. Danach spiele mit dem Mittel-, dann mit dem Ringfinger die folgenden Noten.

Die Takte Drei und Vier sind ähnlich, aber verwende deinen Zeigefinger für den Hammer-On.

Beispiel 6d

Das Stück geht weiter, indem die rechte Hand ausgehaltene Bassnoten tappt, während die linke Hand eine Melodie tappt. Spiele diese Flageoletts in Takt 22 normal mit der linken Hand über dem 5. Bund und zupfe mit der rechten Hand die Saiten.

Beispiel 6e

Die Anschläge (wie in Beispiel 6f mit den Richtungspfeilen angegeben) werden normal mit der rechten Hand gespielt.

Beispiel 6f

Am Anfang von Takt 31 wechseln die Hände kurz die Rollen und die linke Hand wird auf den tiefen Saiten und die rechte auf den höheren verwendet.

Alle folgenden Anweisungen sind schwieriger zu beschreiben als einfach zu zeigen, deshalb habe ich ein Demonstrationsvideo für Beispiel 6g erstellt, das du unter **http://geni.us/acousticvids** finden kannst.

Tappe mit dem linken Mittelfinger die sechste Saite und mit dem Ringfinger die fünfte Saite. Tappe nun den vierten Bund mit dem *rechten* Zeigefinger und zupfe die offenen Saiten mit dem Ring- und Mittelfinger.

Um die nächsten beiden Noten zu spielen, tappt der rechte Zeigefinger den 5. Bund, während die linke Hand nach oben fährt, um mit dem Mittelfinger auf die sechste Saite zu tappen.

Zupfe in Takt 33 die offenen Saiten mit dem rechten Zeigefinger. Die nachfolgenden hohen offenen Saiten werden von der linken Hand gespielt. Ziehe die linke Hand nach unten in Richtung Fußboden, um die Saiten leicht zu erwischen.

Beispiel 6g

Der vielleicht anspruchsvollste Abschnitt des Stückes findet in den Takten 57-60 statt, wie in Beispiel 6h dargestellt. Auch hier gibt es ein Video, das dir helfen soll zu verstehen, wie das Stück zusammengesetzt ist. http://geni.us/acousticvids

Beginne, indem du mit der rechten Hand auf die Noten des 9. Bundes tappst. Die nächsten beiden Noten auf dem 5. Bund werden mit der linken Hand getappt.

Darauf folgt mit dem Zeigefinger ein rechtshändiger Tap auf dem 9. Bund. Der Mittelfinger spielt dann die offene dritte Saite. Verwende die linke Hand, um die nächsten beiden Noten auf dem 5. Bund zu spielen, dann den rechten Zeige- und Mittelfinger für die nachfolgenden Noten auf dem 7. Bund.

Im Takt Achtundfünfzig, mach mit den linken Fingern mit den Noten auf dem 9. Bund ein Fret-Tap und *überkreuze* dann *die Hände,* indem du den 5. Bund mit dem rechten Zeigefinger und die offene Saite mit dem Ringfinger tappst.

Löse nun die Hände und tappe dann mit dem Zeigefinger auf die erste Saite, 2. Bund. Folge mit dem rechten Mittelfinger für die offene zweite Saite. Tappe schließlich mit den rechten Fingern die nächsten beiden Noten auf dem 5. Bund, *kreuze* dann *die linke Hand unter der rechten Hand,* um die Noten auf dem 7. Bund mit den Fingern der linken Hand zu tappen.

Beispiel 6h

Nachdem du dir genügend Zeit genommen hast, diese isolierten Teile zu lernen und dich nun sicher fühlst, probiere das vollständige Fret-Tapping-Lernstück aus. Nimm dir Zeit und arbeite daran, dass alles sauber und glatt klingt.

Next Time Around

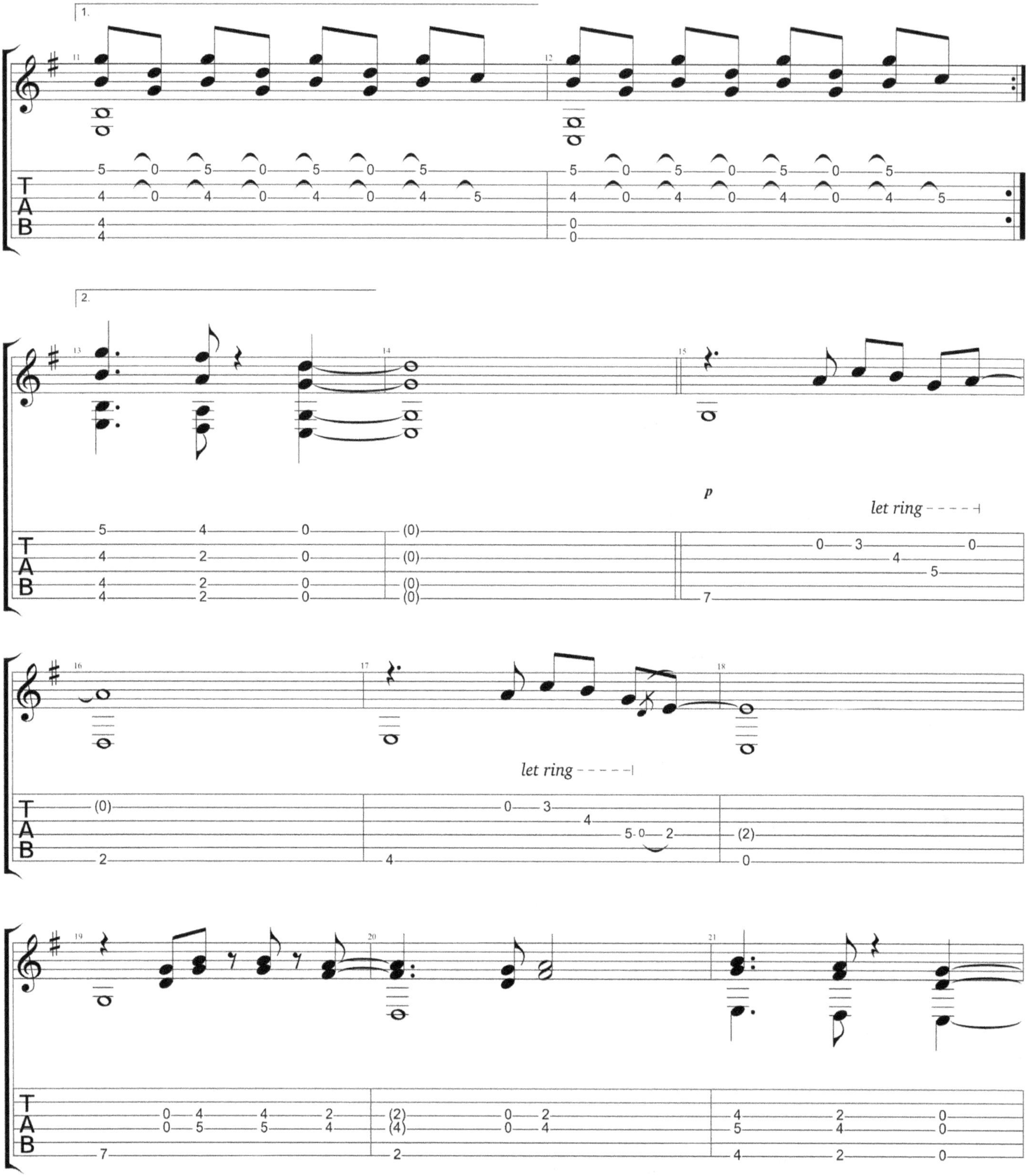
1.
2.
p
let ring
let ring

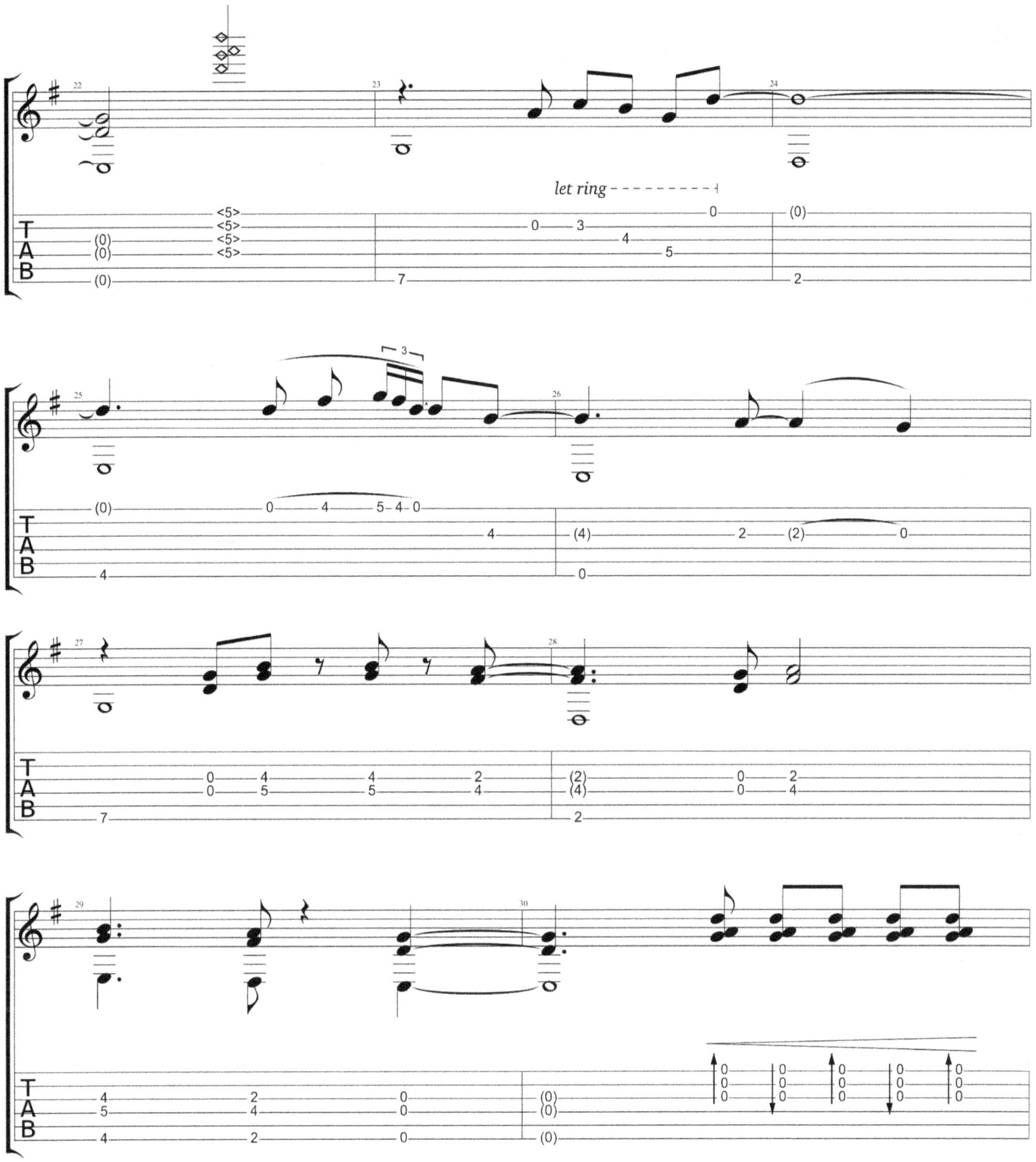
let ring

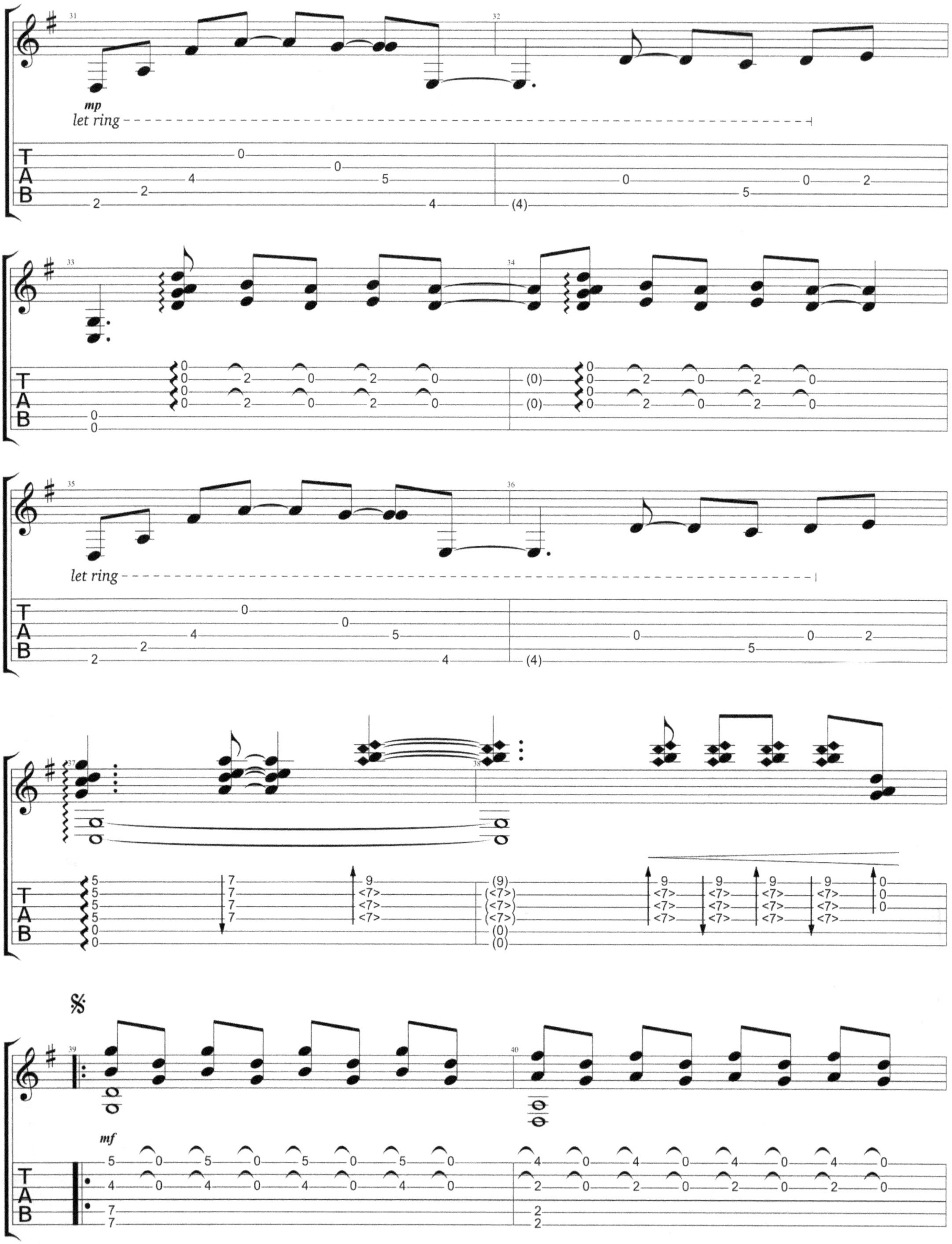
mp
let ring
let ring
mf

Da Coda

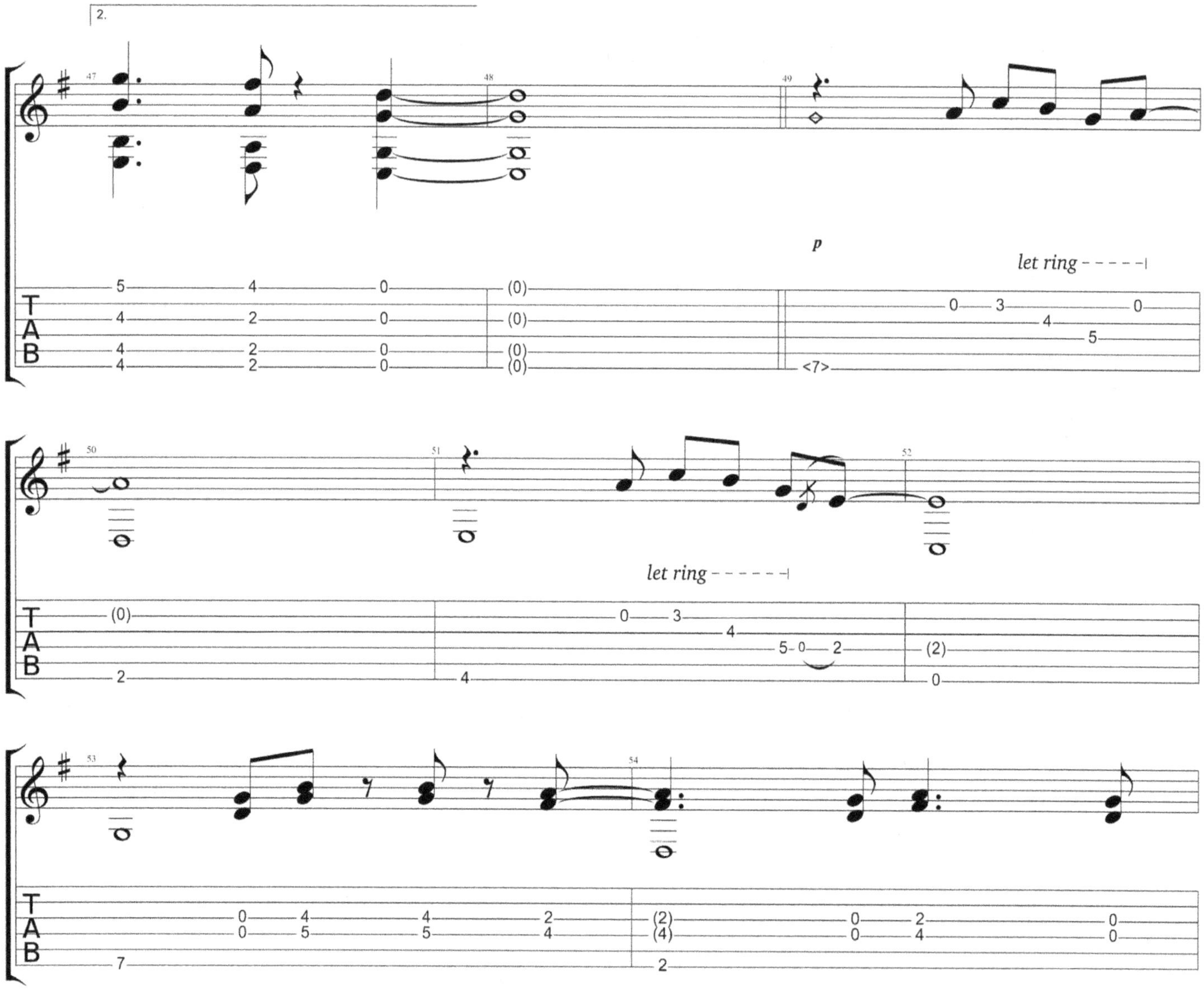
2.
p
let ring
let ring

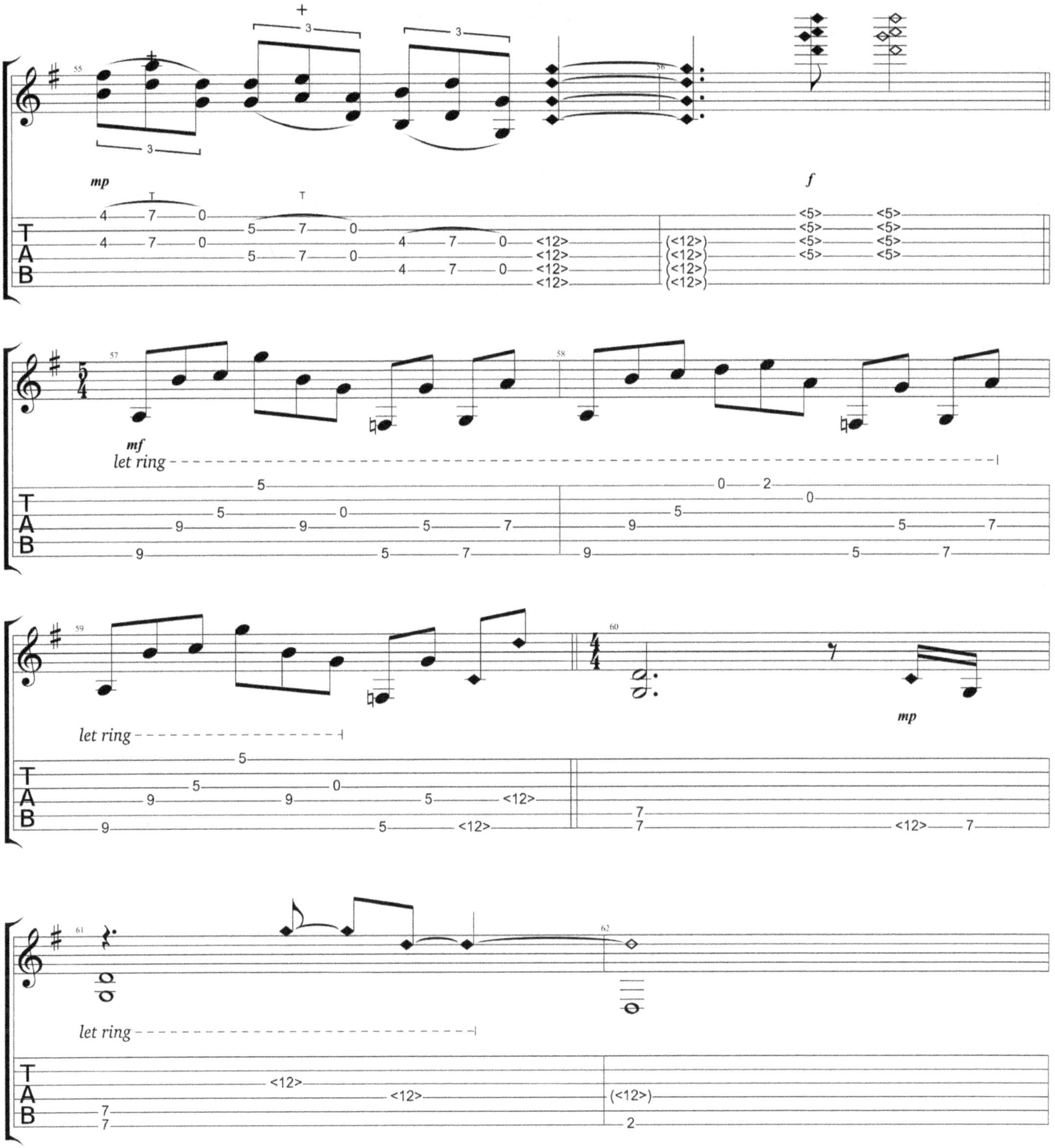
mp
f
mf
let ring
let ring
mp
let ring

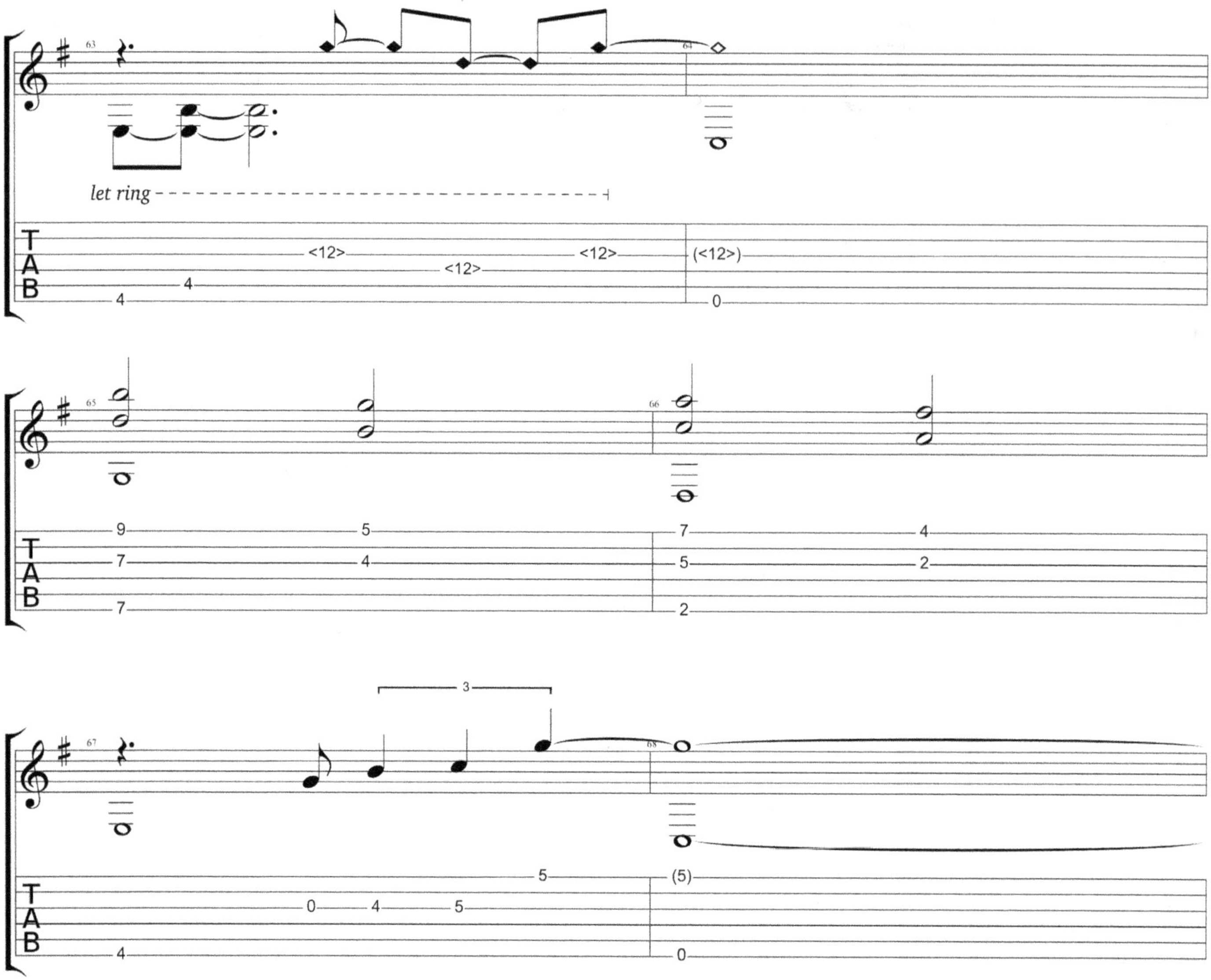
let ring
T
A
B
63
64
65
66
67
68
3

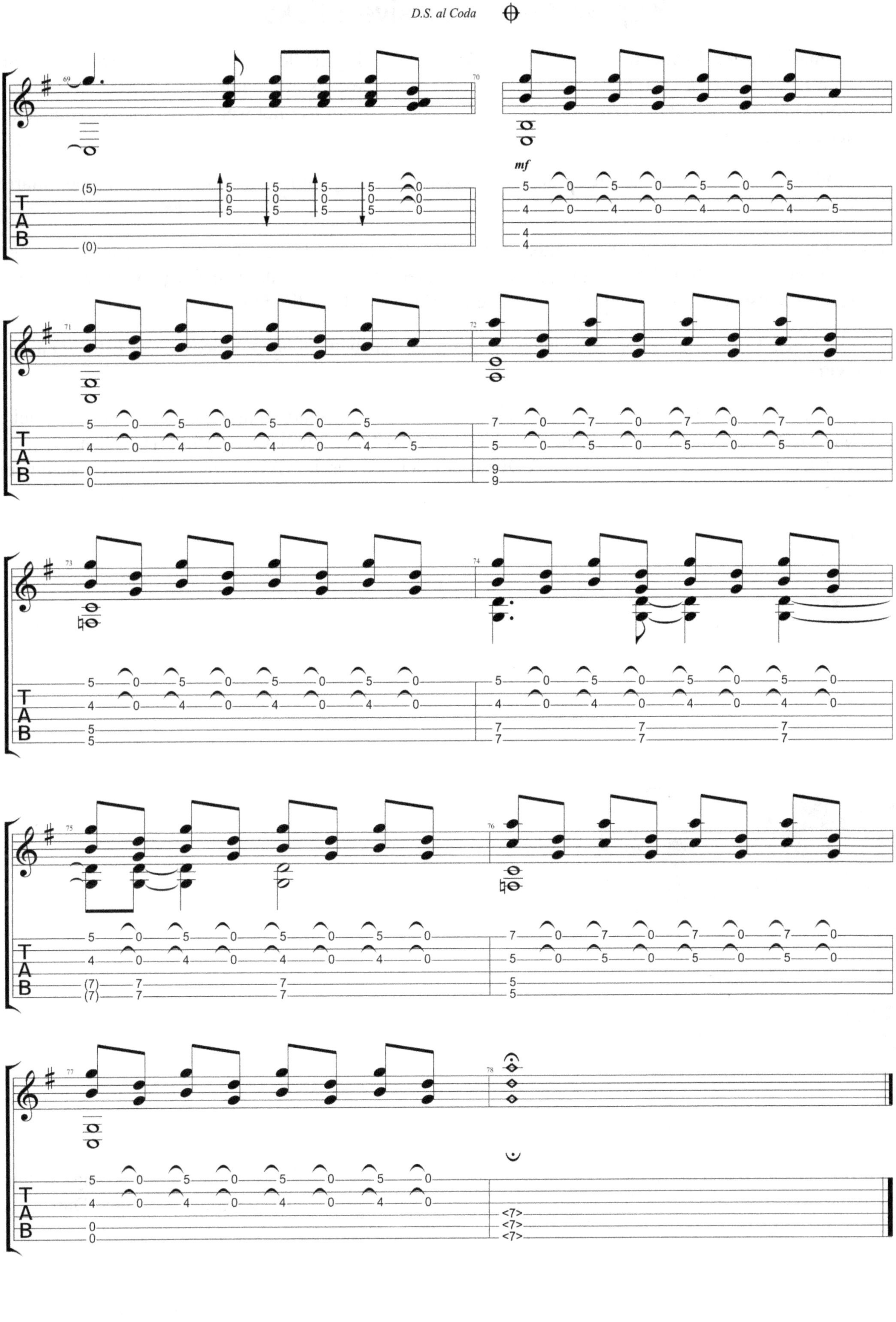
D.S. al Coda
mf

Kapitel 7 – Perkussive Effekte

Eines der markantesten Elemente des modernen akustischen Fingerstyle-Spiels ist die Verwendung von perkussiven Klängen, seien es Taps, Slaps, Thumps oder Scratches! Es gibt natürlich eine fast unbegrenzte Anzahl von Möglichkeiten, diese Effekte zu erzeugen, und in diesem Kapitel werden wir die am häufigsten verwendeten untersuchen.

Experimentiere mit der genauen Position dieser perkussiven Schläge auf deiner Gitarre, denn jede Gitarre klingt ein wenig anders.

In diesem Kapitel werden wir eine andere alternative Stimmung verwenden. Sie basiert auf der im vorherigen Kapitel verwendeten CGDGAD-Stimmung, der einzige Unterschied besteht darin, dass die zweite Saite einen Halbton zu B (deutsches B) gestimmt wird, was zu einer C G D G B D-Stimmung führt.

Alle perkussiven Effekte in diesem Kapitel werden dir in den begleitenden Videos unter **http://geni.us/acousticvids** gezeigt.

In Beispiel 7a verwende die Kante der rechten Handfläche, um den Gitarrenkorpus in der Nähe der Brücke zu schlagen. Dies wird mit einem X auf der sechsten Saite der Gitarrentabulatur notiert. Der Klang, den du erreichen willst, ist ein tiefer „dunkler Schlag". Du benutzt den Korpus der Gitarre wie die Bassdrum an einem Schlagzeug.

Beispiel 7a

In den Beispielen 7b und 7c werden die auf der fünften und vierten Saite notierten Klänge erzeugt, indem du mit den Fingerspitzen auf den Gitarrenkorpus in der Nähe von Hals und Schallloch schlägst. Dies kann entweder über oder unter den Saiten, wie angegeben, erfolgen.

Beispiel 7b

Beispiel 7c

Schließlich wird der Klang, der auf der dritten Saite notiert ist, erzeugt, indem du die Finger gegen die Seite der Gitarre schlägst, normalerweise unterhalb der vorderen Schulter des Korpus oder etwas weiter herum in der Nähe des Halses (besonders wenn du dafür die linke Hand benutzt).

Beispiel 7d

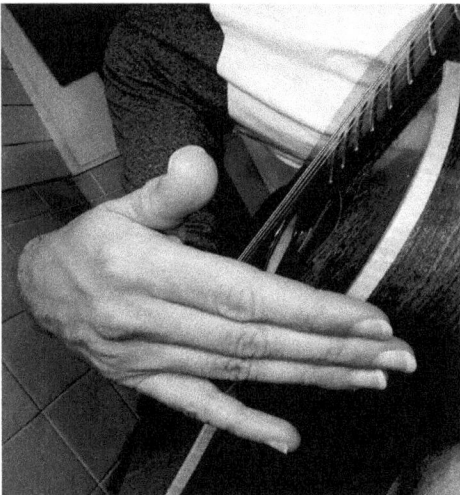

Jede dieser Techniken erzeugt einen anderen Ton und bietet einen anderen Effekt, den du verwenden kannst, um eine Performance zu verbessern.

Bevor wir zu einigen musikalischen Beispielen kommen, beachte, dass die gesamte Musik in diesem Kapitel mit einer *umgedrehten Technik der linken Hand* gespielt wird. Das bedeutet, dass die linke Hand über die Oberseite des Gitarrenhalses geführt wird, wie unten dargestellt. Vielleicht hast du schon Gitarristen wie Preston Reed, Andy McKee und Jon Gomm diese Technik anwenden sehen.

Die musikalischen Beispiele in diesem Kapitel werden mit vier Notenlinien notiert, wobei die Teile für die linke sowie die rechte Hand jeweils ihre eigene Notation und Tabulatur haben. Die meisten gegriffenen Noten werden getappt, so dass bei der Notierung auf diese Weise keine Unklarheiten darüber bestehen, welche Hand verwendet werden soll. Außerdem würde eine konventionell notierte Transkription bei all den verschiedenen perkussiven Klängen sehr überlastet und schwer zu lesen sein!

In Beispiel 7e beginne damit, nur den Teil für die linke Hand zu spielen. Lies die folgenden Anweisungen und beziehe dich auch auf die Videodemonstration.

Tappe mit deinem Zeige- und dann mit deinem Mittelfinger auf die Noten im 8. Bund mittels der umgedrehten Technik der linken Hand. Füge dann einen perkussiven Schlag hinzu, wie in Beispiel 7c dargestellt. Mache als nächstes einen Barré mit dem linken Zeigefinger und benutze ihn, um beide Saiten auf dem 5. Bund zu tappen. Mache mit dem Barré einen Pull-Off, wobei du die offenen Saiten zum Klingen bringst und hämmere dann wieder auf den 5. Bund. Beende mit einem weiteren perkussiven Schlag.

Beispiel 7e

Verwende deine rechte Hand, um den weitgehend perkussiven Abschnitt in Beispiel 7f zu spielen. Beginne mit dem „Bassdrum"-Sound mit der Kante der Handfläche (siehe Beispiel 7a), gefolgt von den Fingerspitzen auf dem Korpus (Beispiel 7b), dann eine weitere „Bassdrum".

Alle Flageoletts werden getappt.

Der letzte perkussive Schlag in Takt Eins ist ein Schlag auf die Seite des Gitarrenkorpus.

Takt Zwei beginnt genauso, verdoppelt aber die Fingerspitzen-Perkussion und hat auf den Saiten Vier und Fünf getappte Flageoletts.

Um den Schlussakkord am 5. Bund zu spielen, überkreuze die rechte Hand und mache auf den Saiten Fünf und Sechs mit dem Zeigefinger einen Fret-Tap.

Beispiel 7f

Der nächste Schritt ist, beide Hände gleichzeitig zu benutzen. Hier sind einige Tipps zum Spielen von Beispiel 7g:

- Achte darauf, wie die beiden Teile rhythmisch aufeinander abgestimmt sind.

- Beachte, dass einige Noten gleichzeitig mit zwei Händen gespielt werden, während andere in den Lücken dazwischen vorkommen.

- Die Flageolett Töne im ersten Takt werden normal gespielt (wenn auch mit der umgedrehten Position der linken Hand), wobei die Saiten mit den Fingernägeln der rechten Hand angeschlagen werden.

- Die perkussive Triole wird gespielt, indem man die Finger (Zeige-, Ring- und kleiner Finger) auf den Gitarrenkorpus trommelt. Der darauffolgende Schlag wird mit der linken Hand wie in Beispiel 7c ausgeführt.

Beispiel 7g

Der zweite Teil dieses Abschnitts (Beispiel 7h) beginnt mit perkussiven Schlägen der rechten Hand.

Führe einen „Bassdrum"-Schlag aus (wie Beispiel 7a), während du gleichzeitig die linke Hand auf die sechste Saite auf dem 3. Bund hämmerst. Der folgende Pull-Off fällt genau mit dem nächsten perkussiven Schlag der rechten Hand zusammen, gefolgt von einer weiteren „Bassdrum".

Tappe die Flageolett-Töne auf dem 12. Bund, gefolgt von einem perkussiven Schlag mit der linken Hand.

Als nächstes kommt ein perkussiver Schlag der rechten Hand, danach benutze die rechte Hand, um auf dem 10. Bund einen Barré zu greifen und einen Fret-Tap auszuführen.

In Takt Fünf mache einen Pull-Off mit dem Barré der rechten Hand und lass eine Reihe von Hammer-Ons und Pull-Offs, die mit dem Zeigefinger der linken Hand gespielt werden, folgen. In der Zwischenzeit spielt die rechte Hand perkussive Schläge.

Beispiel 7h

Der nächste Abschnitt ist weniger perkussiv und besteht fast ausschließlich aus zweihändigem Fret-Tapping.

Beispiel 7i

Beachte, dass es in diesem Lernstück mehrere Fälle von „Harfen-Flageoletts" gibt. Die Flageolett-Töne in den Takten Vier und Fünf sind natürlich, basieren auf offenen Saiten und werden vollständig mit der rechten Hand ausgeführt, wie in Beispiel 5a erläutert.

Beispiel 7j

Beispiel 7k zeigt, wie sich der nächste Abschnitt aufbaut, indem man mit der linken Hand einen perkussiven Schlag auf Taktschlag 3 hinzufügt.

Der Takt Zweiunddreißig beinhaltet den gleichzeitigen Hammer-On mit dem umgekehrt Barré greifenden Zeigefinger auf dem 7. Bund und das Spielen eines getappten Flageoletts auf dem 12. Bund mit der rechten Hand.

Der darauf folgende angeschlagene Akkord (angegeben mit einer vertikalen gewellten Linie) wird gespielt, indem der Zeigefinger auf dem 8. Bund einen Barré greift und alle Saiten mit der rechten Hand (einschließlich der offenen Saiten) angeschlagen werden.

Beispiel 7k

Der Eröffnungsakkord von Beispiel 7l wird gespielt, indem der kleine Finger der umgedrehten linken Hand über den dritten Bund einen Barré greift, der Zeigefinger auf die vierte Saite gelegt wird und dann mit der rechten Hand angeschlagen wird (daher an dieser Stelle die leere Notenlinie für die rechte Hand).

Spreize die Finger der rechten Hand, um beim Anschlagen den Akkord zu arpeggieren.

Als nächstes zupfe die offene vierte Saite mit dem Mittelfinger, greife den Akkord, der darauf folgt mit der umgedrehten linken Hand (mit dem kleinen und Zeigefinger) und zupfe mit dem rechten Daumen und dem Zeigefinger.

Beispiel 7l

Die Coda verfügt über viele Anschläge mit der rechten Hand, deshalb ist die Notenlinie für die rechte Hand bei diesen Abschnitten weitestgehend leer.

Beispiel 7m

Der einzige verbleibende Teil des Stückes, der einer Klärung bedarf, sind die Anschläge, die hier und da mit schnellen Triolen in der Coda eingefügt wurden.

Mache mit dem Zeigefinger der linken Hand in umgedrehter Position auf dem 7. Bund einen Barré und hämmere dann den kleinen Finger auf dem 5. Bund. Die darauffolgende Note im 12. Bund wird mit der rechten Hand getappt. Ich habe diesen ganzen Lick in der Notenlinie für die rechte Hand notiert, um das Lesen zu erleichtern, aber er muss unbedingt mit beiden Händen gespielt werden.

Beispiel 7n

Boquete

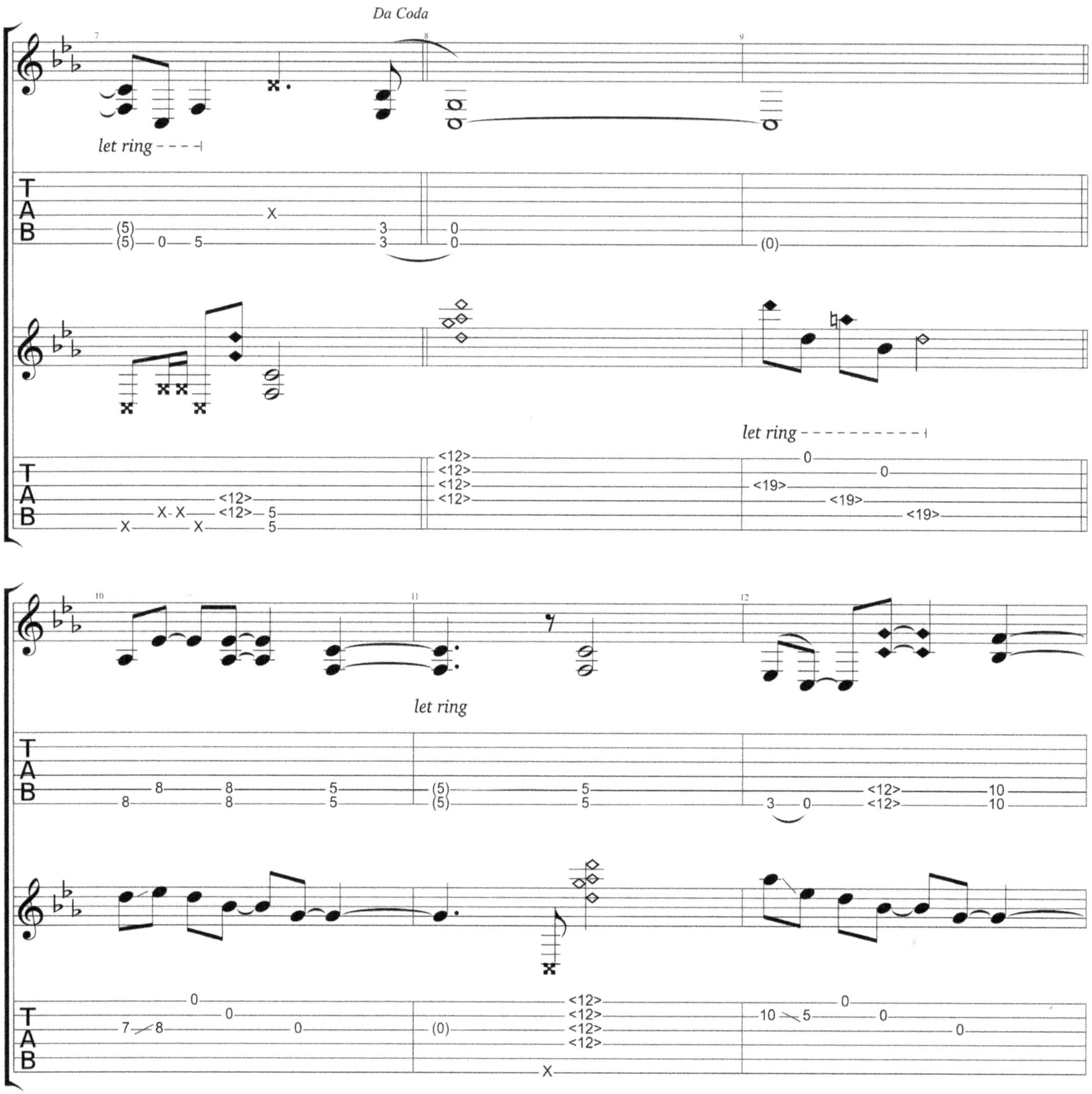
Da Coda
Left
let ring
Right
let ring
let ring

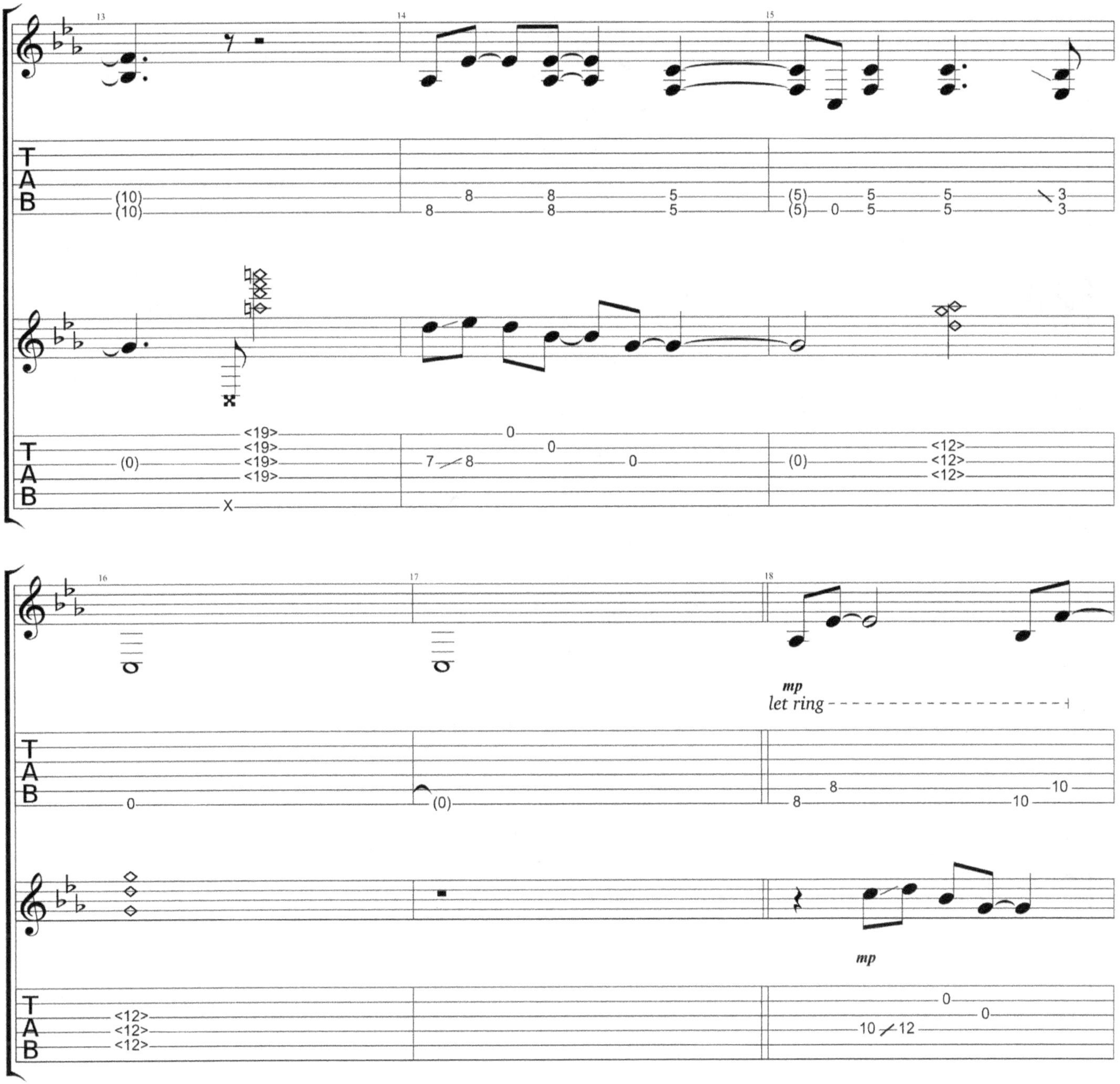
Left
Right
mp
let ring
mp

19
20
21
let ring
let ring
let ring
22
23
24
Left
Right
let ring
let ring

25
26
27
mf
let ring
let ring
mf
let ring
28
29
30
let ring
let ring
Left
let ring
let ring
Right

D.S. al Coda

mp
let ring
mp
let ring
let ring
let ring
Left
let ring
let ring
Right

43
44
45
mf
T
A
B
let ring
let ring
mf
46
47
48
let ring
let ring
let ring
let ring

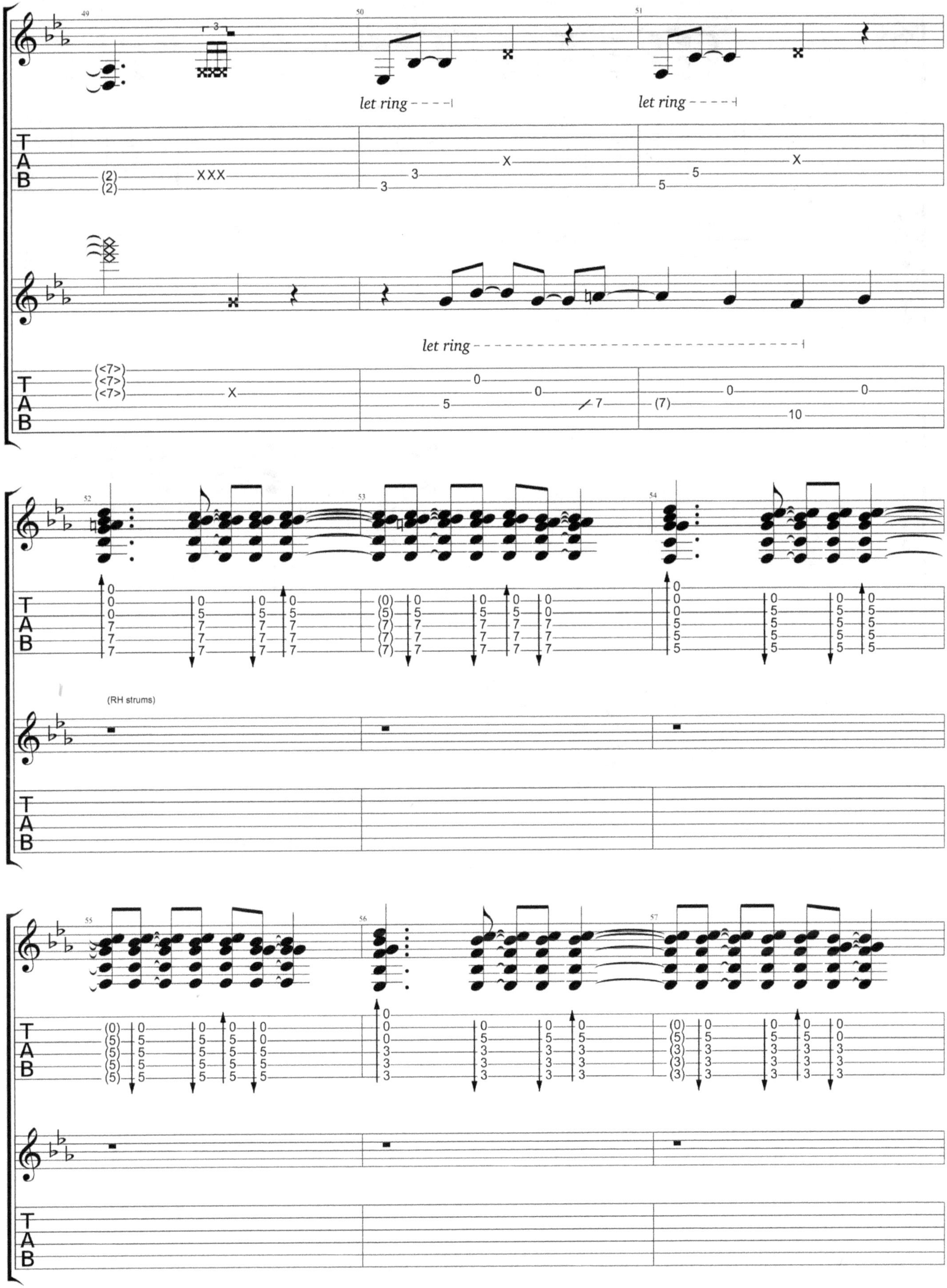
Left
Right
let ring
let ring
let ring
(RH strums)

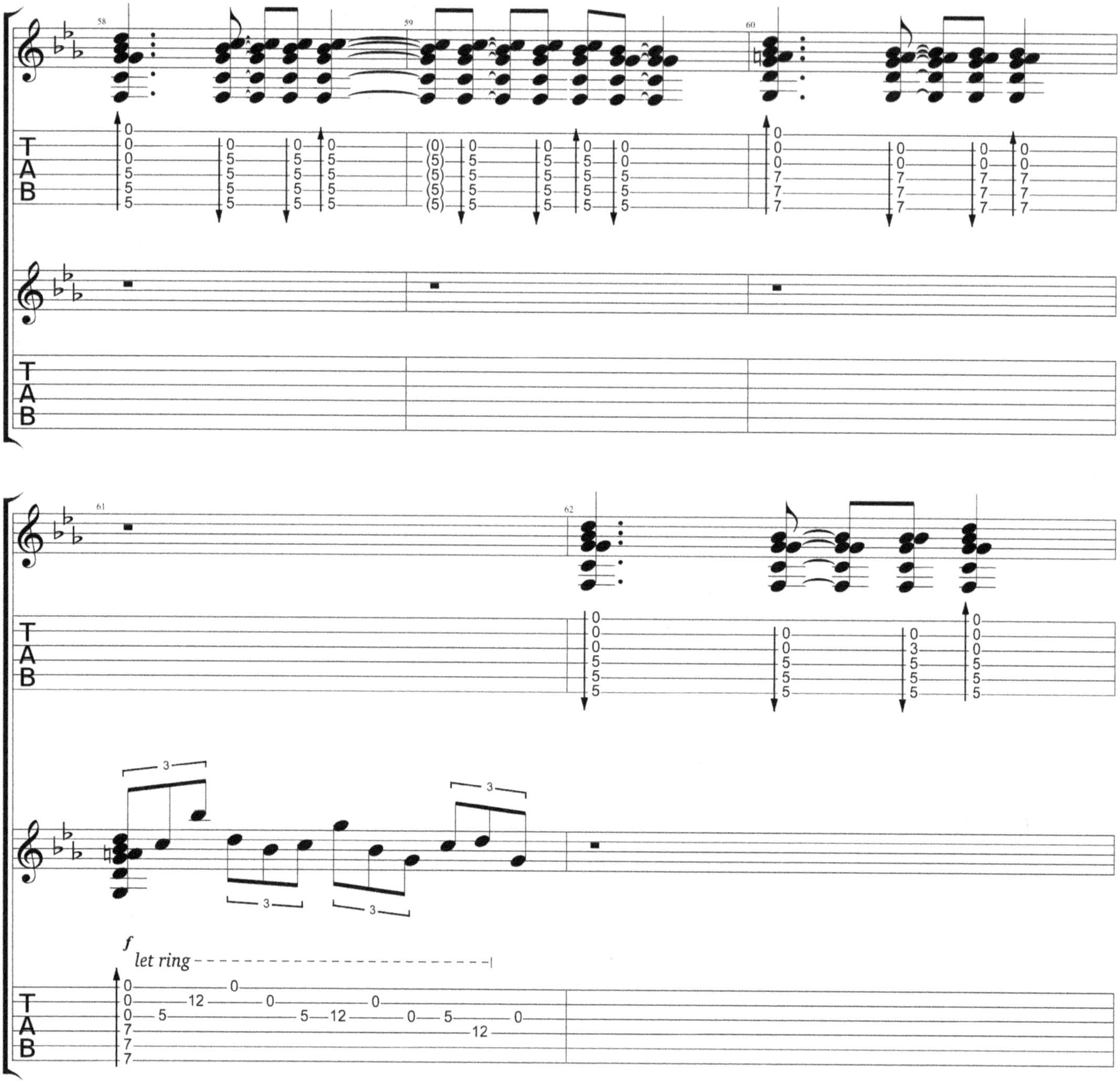
Left
Right
f
let ring

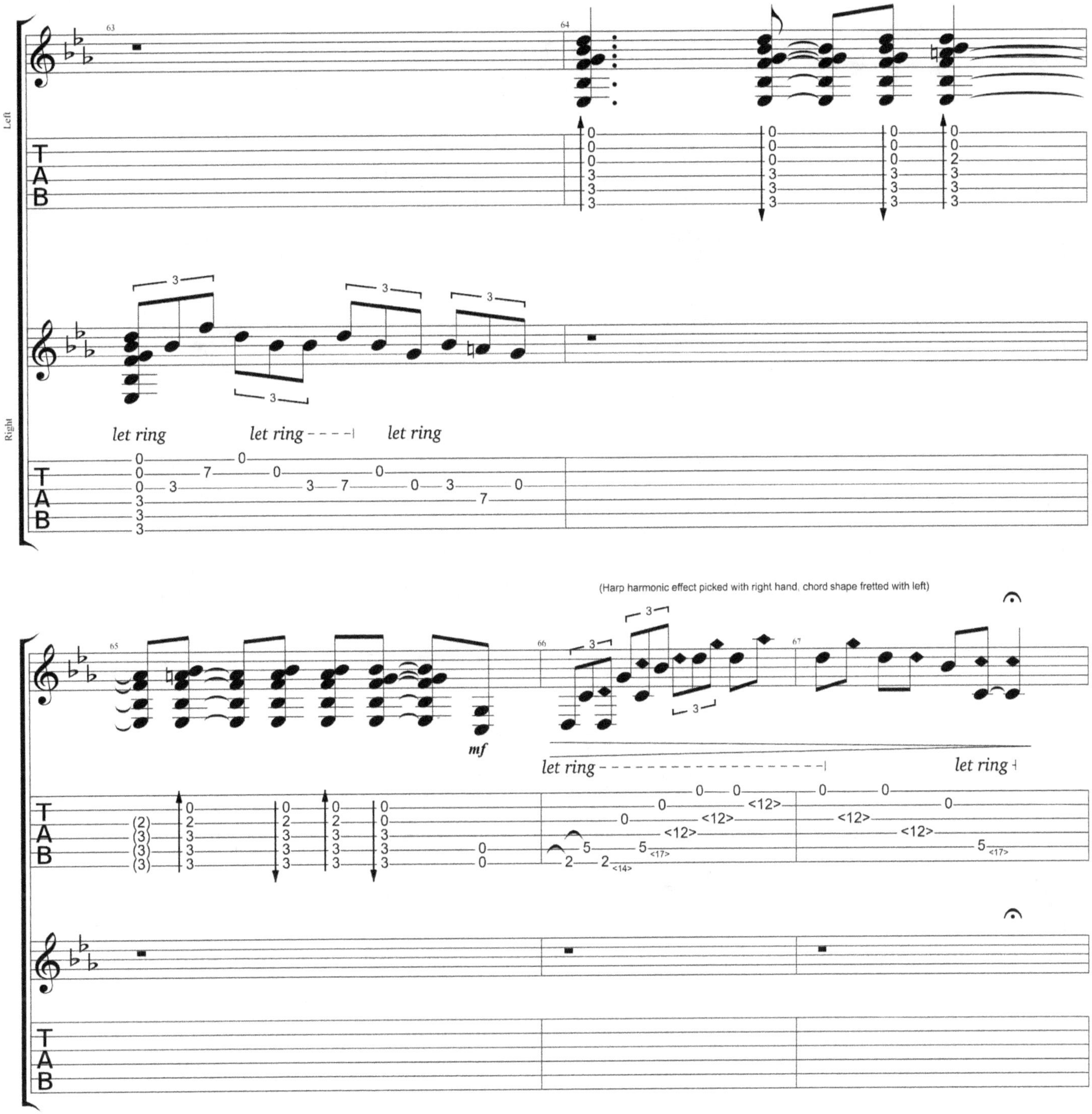
Left
Right
let ring
let ring
let ring
(Harp harmonic effect picked with right hand, chord shape fretted with left)
mf
let ring
let ring

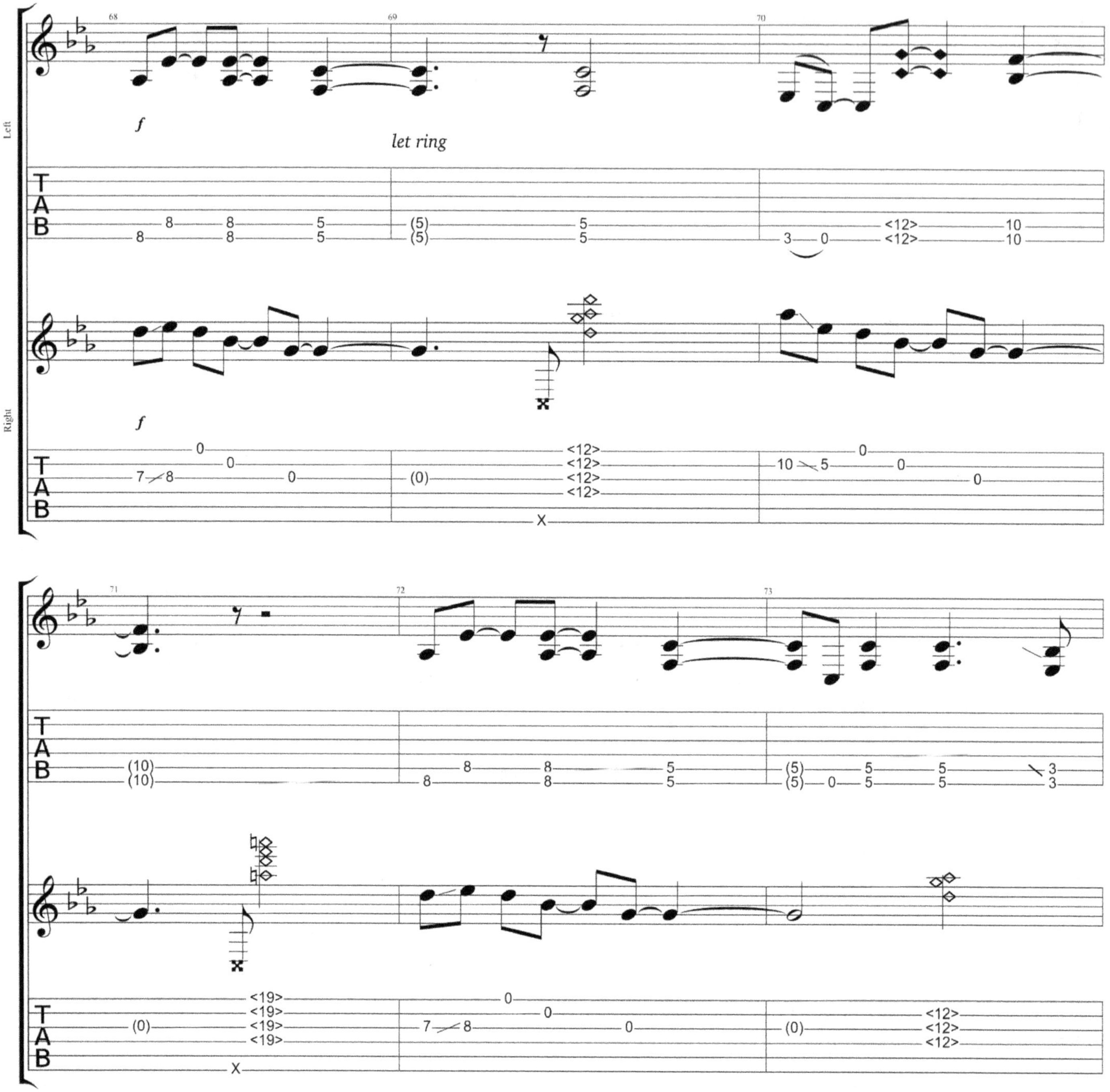
Left
Right
f
let ring
f

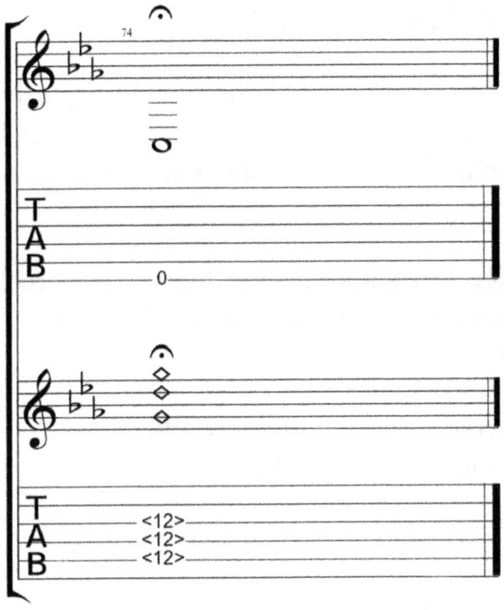
74
T
A
B
0
T
A
B
<12>
<12>
<12>

Kapitel 8 – Solo Fingerstyle-Arrangement

Wir haben uns im Detail auf viele der anspruchsvollen modernen Fingerstyle-Techniken konzentriert und Lernstücke für jede einzelne durchgearbeitet. Nun werfen wir einen kurzen Blick auf den vielleicht faszinierendsten und nützlichsten Aspekt dieses Stils: die Möglichkeit, eigene Solo-Arrangements zu konstruieren.

Das ist ein riesiges Thema, das ein eigenes Buch rechtfertigen würde, also kann ich ihm hier nicht gerecht werden. Ich möchte jedoch einige Tipps weitergeben, die als Startschuss für deine eigenen Erkundungen dienen.

Ich habe den bekannten Folksong *Danny Boy* genommen, um zu zeigen, wie man eine einfache Melodie nehmen und mit der Erarbeitung eines modernen Fingerstyle-Arrangements beginnen kann.

Die Videos des gesamten Performance-Stücks und alle Beispiele in diesem Kapitel kannst du dir hier ansehen: **http://geni.us/acousticvids**

Beispiel 8a wird in Standard-Stimmung gespielt.

Beispiel 8a

Als nächstes brauchen wir etwas Harmonie, um die Melodie zu begleiten. Der einfachste Weg, dies zu erreichen, besteht darin, die tiefen Saiten mit anhaltenden Akkorden und die hohen Saiten mit der Melodie zu versehen, um ein einfaches Akkord-Melodie-Arrangement zu schaffen.

Beispiel 8b

Du wirst die Akkorde wahrscheinlich ziemlich einfach und wenig inspirierend finden. Außerdem tragen sie die Melodie nicht gut, weil sie sich gegenseitig im Weg stehen. Es ist chaotisch und nicht sehr gut durchdacht.

Also, was sind unsere Möglichkeiten? Hier sind ein paar Strategien für das Arrangieren. Wir können ...

- die Oktave der Melodie oder der Akkorde ändern, damit sie sich nicht so sehr gegenseitig stören

- die Tonart ändern, um beispielsweise offene Saiten für Bassnoten oder natürliche Flageolett-Töne für Melodienoten besser zu nutzen

- die Stimmung der Gitarre ändern, um weitere Optionen zu eröffnen (z.B. um einen tiefen C-Bass-Ton zu ermöglichen).

- eine Kombination der obigen Punkte

Ich neige dazu, mir immer mindestens einen der obigen Punkte vorzunehmen, aber zuerst möchte ich die Akkorde ändern und einige Substitutionen hinzufügen, die die Harmonie musikalischer machen. Ich werde dafür in der Standard-Stimmung bleiben, um es einfacher zu gestalten und sehen, was passiert.

In Beispiel 8c habe ich jetzt ...

- eine absteigende chromatische Linie in der C-Dur-Harmonik hinzugefügt, um mehr Interesse zu wecken (C, Cmaj7, C7).

- Teile der Melodie als Sexten harmonisiert

- „Back Cycling" verwendet (die Technik, den Quintenzirkel rückwärts zu gehen, um eine ansonsten statische und uninteressante Harmonie wieder zu harmonisieren). Auf diese Weise erreichen wir auch das gewünschte Ziel (D7), aber die Reise ist insgesamt interessanter

- Ich habe auch die Griffweise (z. B. in Takt Eins) geändert, damit die Noten zusammenklingen, und eine Verzierung in der vorletzten Taktart hinzugefügt

Beispiel 8c

Nachdem ich so weit gekommen bin, gehe ich nun zu einer alternativen Stimmung – in diesem Fall DADGAD. Ich habe das Arrangement nach D-Dur transponiert, um die offenen Saiten und natürlichen Harmonien in der DADGAD-Stimmung optimal zu nutzen. Ich habe auch ein paar Verzierungen hinzugefügt, die die DADGAD-Stimmung ermöglicht.

Stimme deine Gitarre jetzt neu und schau dir das an.

Beispiel 8d (DADGAD-Stimmung)

Wirf nun einen Blick auf das gesamte Arrangement.

Sei vorsichtig mit der ungewöhnlich „angeschlagenen" Harmonik im letzten Takt. Du musst den rechten Zeigefinger über den 16. Bund legen und gleichzeitig das 4. Bundstäbchen mit der linken Hand halten. Verwende den Fingernagel deines rechten Ringfingers, um die Saiten zu zupfen. Ziehe beide Finger parallel zueinander von den hohen zu den tiefen Saiten, um den Effekt zu erzielen.

Danny Boy

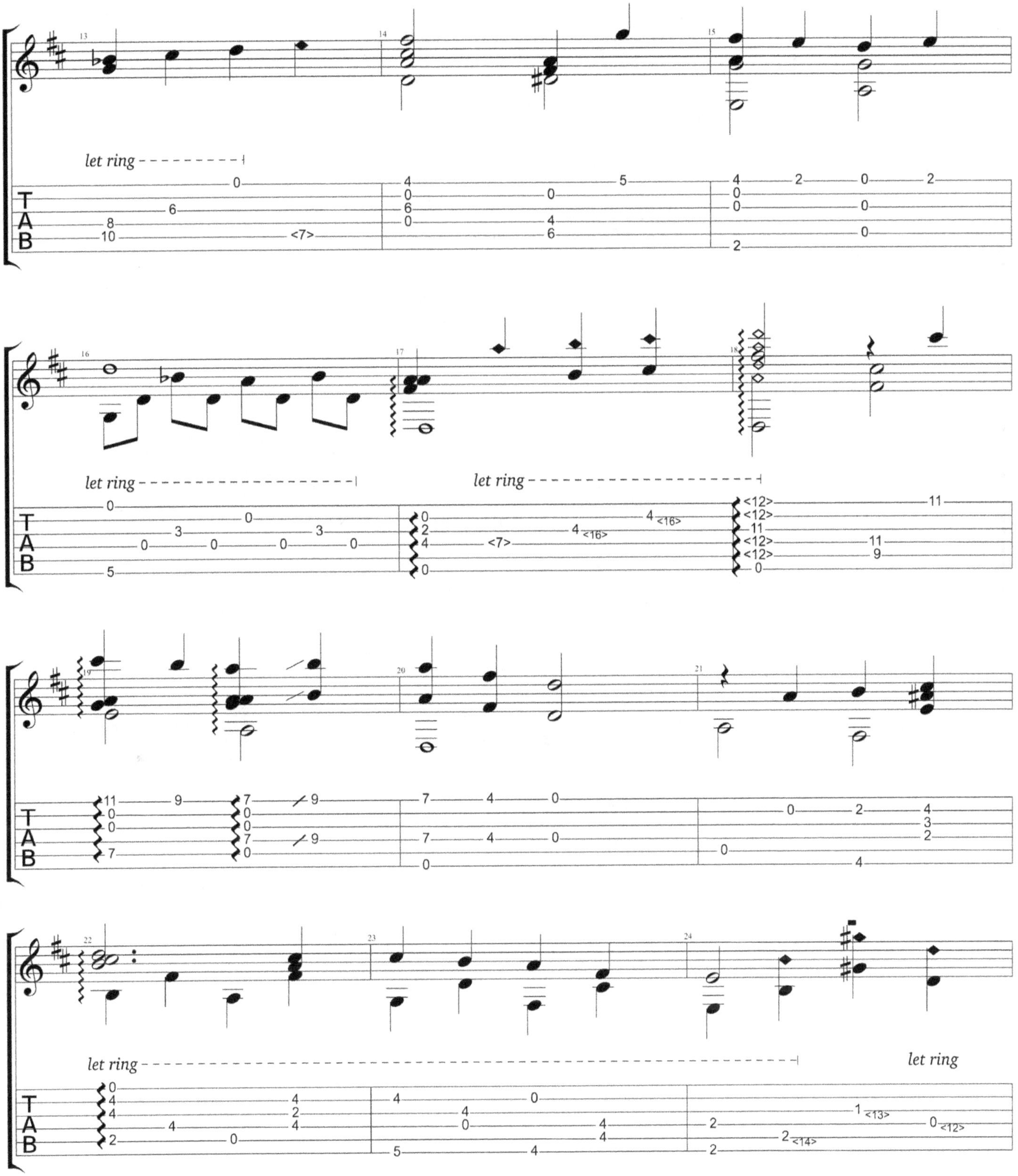
let ring
let ring
let ring
let ring
let ring

let ring
(Drag RH index and ring finger across 16th fret)
let ring

Schlussfolgerung

„Moderner Fingerstyle auf der Akustikgitarre" ist ein weitläufiges Musikgenre und erfordert ein breites Spektrum an Techniken. In diesem Buch war es mein Ziel, dich mit den *wichtigsten* Techniken auszustatten und dir einen Einblick zu geben, wie du sie sauber ausführen kannst. Viele dieser Techniken dauern lange, bis sie perfekt sitzen, also mach dir keine Sorgen, wenn du das Gefühl hast, dass du nur langsam Fortschritte machst.

Neben den Beispielen, die ich beigefügt habe, hoffe ich, dass die Lernstücke selbst dir helfen, die Disziplinen der modernen Fingerstyle-Gitarre zu entwickeln – und gleichzeitig aber auch als Performance-Stücke Spaß machen.

Denke daran, langsam zu machen, wenn du an einer bestimmten Technik hängen bleibst, und diese in kleine Abschnitte aufzuteilen. Dies wird dir immer helfen, Probleme zu lösen und die Technik zu meistern.

Genieße vor allem die Reise und hör nie auf, neue Dinge zu lernen.

Viel Spaß dabei!

Daryl

www.ingramcontent.com/pod-product-compliance
Lightning Source LLC
Chambersburg PA
CBHW081428090426
42740CB00017B/3222